O JOVEM DIGITAL

O JOVEM DIGITAL

ISABELA MATTE

O JOVEM DIGITAL

REPENSANDO O PRESENTE, MOLDANDO O FUTURO

1ª edição

Rio de Janeiro | 2023

DESIGN DE CAPA
Diego Rosa

FOTO DA AUTORA
Wilmore Oliveira

CIP-BRASIL. CATALOGAÇÃO NA PUBLICAÇÃO
SINDICATO NACIONAL DOS EDITORES DE LIVROS, RJ

M387j
    Matte, Isabela
        O jovem digital : repensando o presente, moldando o futuro / Isabela Matte. - 1. ed. - Rio de Janeiro : BestSeller, 2023.

        ISBN 978-65-5712-292-1

        1. 1. Geração Z. 2. Mídia digital. 3. Inovações tecnológicas - Aspectos sociais. I. Título.

23-85508
                CDD: 305.23
                CDU: 316.346.36

Gabriela Faray Ferreira Lopes - Bibliotecária - CRB-7/6643

Texto revisado segundo o novo Acordo Ortográfico da Língua Portuguesa.

Copyright © 2023 by Isabela de Assis Matte
Copyright da edição © 2023 by Editora Best Seller Ltda.

Todos os direitos reservados. Proibida a reprodução,
no todo ou em parte, sem autorização prévia por escrito da editora,
sejam quais forem os meios empregados.

Todos os esforços foram feitos para localizar os fotógrafos e fotografados das imagens reproduzidas neste livro. A editora compromete-se a dar os devidos créditos numa próxima edição, caso os autores as reconheçam e possam provar sua autoria. Nossa intenção é divulgar o material iconográfico de maneira a ilustrar as ideias aqui publicadas, sem qualquer intuito de violar direitos de terceiros.

Direitos exclusivos de publicação em língua portuguesa para o mundo adquiridos pela
Editora Best Seller Ltda.
Rua Argentina, 171, parte, São Cristóvão
Rio de Janeiro, RJ – 20921-380
que se reserva a propriedade literária desta edição.

Impresso no Brasil

ISBN 978-65-5712-292-1

Seja um leitor preferencial Record.
Cadastre-se no site www.record.com.br e receba informações
sobre nossos lançamentos e nossas promoções.

Atendimento e venda direta ao leitor:
sac@record.com.br

Aos meus filhos, Leo e Maya, os responsáveis por despertar em mim as preocupações que me levaram a escrever este livro. Minha família, que me dá forças e inspiração, às pessoas que trabalham comigo e a todos os pais, mães, familiares e professores dos jovens digitais.

Por último, a cada jovem digital que possa vir a ler este livro, obrigada. Que O jovem digital possa ajudar, inspirar, explicar e traduzir a vida extraordinária que habita em cada um de vocês.

SUMÁRIO

Introdução	11
Capítulo 1: O começo	**13**
Capítulo 2: O cenário do mundo digital	**18**
Velocidade	20
Consumo	23
Relações sociais	28
(Des)Informação	31
Superexposição	35
Novos sentimentos	37
Oportunidades	40
Capítulo 3: Saúde	**44**
As telas e a saúde mental	45
Adie esse presente	49
Corpo e saúde	51
Cuide do seu sono	54
Afaste as crianças da pornografia	56
O lado bom do mundo digital	59
Capítulo 4: Relacionamentos	**62**
Os vínculos no mundo digital	63
Quando as opções são muitas, desistimos de escolher	64

Aprofundar-se é melhor 66
Estar perto mesmo longe 67
Você sabe com quem está falando? 68
O amigo que não me conhece 69
O terrível cyberbullying 71
Encontrando seus semelhantes 73
O jovem digital e as marcas 75

Capítulo 5: Motivação e trabalho **77**

Então, o que move o jovem digital? 79
Precisamos pertencer 80
Como motivar os nativos do mundo digital 81
A influência como profissão 82
Falta resiliência? 84
Do nosso jeito 85
Não cabemos em caixinhas 88
Preferimos ser felizes hoje 90

Capítulo 6: Lazer **92**

De lazer secundário a vício 93
Proteja-se dos excessos 96
Mais controle, menos paciência 98
Shots de prazer 99
Experimentando o vício 99
Aprender a criar 101
Um jeito novo de fazer 103
Ninguém disse que seria fácil 104

Capítulo 7: Oportunidades **107**

Facilitando a nossa vida 108
O saber compartilhado 109
Mais trabalho para muitos 110
Empreender é possível, ... 111
Aprendendo na internet 113

Busque seu espaço	113
Mudanças do bem	115
Estudar ficou mais democrático	117
Encurtando distâncias, aumentando o alcance	119
A oportunidade de ser plural	121

Capítulo 8: Como lidar? (para o jovem) — 124

Seja o protagonista	125
Defina seu limite	125
Novos hábitos: faça um esforço	127
Comece de algum jeito	128
Existe prazer off-line	129
Às vezes é melhor não dizer nada	131
Proteja-se	133
Viva aqui e agora	133
Você precisa se exercitar	135
Escolha só o que te faz bem	136
Leia livros	137
Pare de se comparar com os outros	139
Domine a cena	143

Capítulo 9: Como ajudar? (para os pais de crianças e jovens digitais) — 145

Imponha limites desde cedo	146
Supervisione sempre	149
Entenda e respeite seu filho	150
Esteja presente de verdade	152
Você e seu filho falam a mesma língua?	153
Seja o exemplo	153
Ensinando a ter responsabilidade	154
Por que não é bom?	156
Acolha as diferenças	156

Capítulo 10: Futuro 158

Como será o jovem de amanhã? 159
O que levar na bagagem? 159
Vamos juntos 161

Notas 164

INTRODUÇÃO

Certo dia estava conversando com um amigo que faz palestras corporativas e ele disse que foi em uma empresa para falar com os colaboradores que são da geração Z. Quando chegou, os diretores que o contrataram alertaram que ele deveria tomar muito cuidado com tudo o que fosse falar, porque "essa geração é imprevisível" e qualquer coisinha que dissesse poderia "pegar mal". Esse é apenas um entre tantos exemplos de como as pessoas ainda são movidas pelo medo por não entenderem as novas gerações. É compreensível. Se eu fosse de outra geração, não compreendesse o porquê de os jovens serem como são, o que eles buscam, ou o contexto no qual foram criados, também sentiria medo.

Mas agir a partir do medo nunca é a melhor alternativa. Quando agimos por medo, falamos coisas que não queremos dizer, tomamos atitudes precipitadas e, em vez de resolvermos o problema, normalmente criamos um novo. Pais e mães agem com base no medo o tempo todo. Gritam com seus filhos, criticam tudo o que fazem, e, em seu coração, sentem de verdade que estão fazendo tudo isso para o bem dos filhos, mesmo que as consequências por agir assim não sejam boas. Gritar e brigar com seu filho não é o caminho para a construção de uma relação de confiança, parceria e respeito, mas é normal agirmos assim quando sentimos medo. Medo do desconhecido, medo por não sabermos qual é a melhor forma de agir, por não compreendermos a realidade que nossos filhos enfrentam e como lidar com os desafios que essa realidade propõe.

É normal também que pessoas de outras gerações, dentro de empresas, tenham receio de se comunicarem com os jovens, já que não entendem nos-

12 | *O jovem digital*

sas motivações, valores e dinâmica social. Mas, assim como tudo na vida, temos duas opções: estudar para compreender e agir com base no conhecimento, ou recusar a aceitar a realidade e agir com base no medo. A primeira opção me parece mais promissora.

A você que é de uma geração anterior a nossa: não tenha medo de nós, só queira nos entender e caminhar ao nosso lado rumo ao que é melhor para todos. Nós, jovens digitais, precisamos de você. E você também precisa da gente.

Capítulo 1

O COMEÇO

Eu acredito que nenhuma teoria supera a experiência prática. Nunca vou conseguir falar de algo que não tenha vivido com a mesma propriedade, verdade e sentimento que uma pessoa que viveu consegue. Portanto, se este livro se chama *O jovem digital*, é porque eu sou uma jovem digital.

Vou me apresentar, então. Meu nome é Isabela Matte, sou filha de cariocas, mas nasci em Brasília e hoje moro em São Paulo. Comecei a minha jornada empreendedora aos 12 anos, quando criei a minha marca de roupas 100% digital, faturei meu primeiro milhão com 14 anos através do meu e-commerce, me tornei uma influenciadora digital, já ensinei milhares de pessoas a melhorarem seus negócios, sou mãe de duas crianças maravilhosas, tenho, no momento em que escrevo, 24 anos, sou casada, palestrante, formada na área de mídias sociais, pós-graduada em filosofia e possuo uma empresa de educação.

Esse é o texto do currículo, mas, se for para ler currículo, por que comprar um livro, né? Quero contar aqui algo mais profundo, falar sobre quem eu sou e o motivo pelo qual este livro é um sonho tornado realidade.

Eu acho que já nasci inquieta. Devo ter saído da barriga da minha mãe ansiosa para vir ao mundo e já viver tudo o que podia o quanto antes. Também acho que já nasci uma comunicadora. Desde 1 ano de idade eu amo cantar, e em 2022 gravei uma música autoral que nem sei se algum dia vou vir a lançar. Com 4 anos, subia no palco de um lugar que minha família frequentava nas férias e fazia a coreografia de "Ragatanga" para mais de trezentas pessoas na piscina (eu sei).

14 | *O jovem digital*

Só fui ter cabelo com quase 10 anos de idade, e meus filhos são carecas também. Tive a minha primeira crise existencial com uns 13 anos, questionando a minha existência — o propósito de estar aqui, com esta família, fazendo o que eu fazia, estudando o que eu estudava, conhecendo as pessoas que eu conhecia. Aprendi a questionar tudo, e foi essa personalidade questionadora que me fez crescer e amadurecer muito rápido na vida. Só criei meu negócio porque questionei, só tenho filhos e sou casada porque questionei, só fui cursar filosofia e só compartilho o que aprendi porque questionei, só tenho uma música gravada porque questionei, e só escrevi este livro porque questionei.

Sofri muito bullying na adolescência e guardo traumas disso até hoje. Já tive bulimia e compulsão alimentar, porque o peso de precisar ser perfeita era muito para eu aguentar sozinha. Meu hobby é estudar neurociência, psicologia, filosofia e ler livros biográficos de pessoas legais demais e que escrevem bem demais. Também estudo desenvolvimento infantil, Piaget, criação neurocompatível e tudo que me derem para ler porque quero ser a melhor mãe do mundo para os meus filhos.

Preciso usar óculos para enxergar de perto, mas, como trabalho no meio digital, sempre de frente paras as telas, uso óculos quase o dia inteiro. Sou terrível para manter amizades, mas também sou a amiga que mais apoia, torce, cuida, aconselha, ajuda e ama. Eu adoro ver reality-shows de culinária ou filmes adolescentes que mostram a época de escola dos personagens. Vou de Kant a *Patricinhas de Beverly Hills* (eu sei).

Aos 14 anos, me vi apaixonada pela escrita, quando comecei a escrever meus pensamentos, dores, sonhos e medos na estrutura de poesia, como uma maneira de pôr para fora o que não estava cabendo mais dentro de mim. Eu choro escondida. Amo falar para pessoas, e quando palestrei para uma multidão me senti mais viva do que nunca. Não acho que sou tão boa quanto os outros acreditam que sou. Amo socializar com amigos, por mais que eu seja introvertida, mas também adoro jogar Sudoku on-line e me entreter com vídeos na internet.

Um dos meus sonhos é poder fazer a diferença no mundo e deixar a minha pegada nele para quando eu não estiver mais aqui. Eu sofro com ansiedade e depressão, e já tive várias outras questões psicológicas, mas, mesmo assim, me considero uma pessoa tão feliz, tão grata, tão consciente das bênçãos da minha vida que me sinto como uma bagunça — que, no fim das contas, faz sentido. Ah, e eu sou uma jovem digital.

Agora que a gente já se conhece melhor, quero te contar por que escrevi este livro.

* * *

Como você pôde perceber, ser um jovem digital implica ser uma bagunça, mas também inclui ser revolucionário, forte, sensível, complexo, sonhador, inovador, criativo, extraordinário. O jovem digital é aquele que carrega uma complexidade de sentimentos e lida com emoções que não eram acessadas antes; é aquele que quer mudar o mundo e vive as coisas em um tempo diferente, mais rápido; é aquele que quer tudo ao mesmo tempo e às vezes não quer nada. Apenas um jovem digital pode explicar o que é ser um.

Este livro existe para isso. Durante muito tempo, refleti sobre a falta de conteúdo a respeito do jovem dos dias de hoje sem que seja para ensinar empresas a "terem mais clientes e colaboradores jovens". Estou falando de conteúdo profundo, cru, honesto, que explique o que sentimos, o que queremos, o que tememos e o que somos.

Eu, inclusive, segurei por muito tempo a vontade de escrever este livro porque achava a ideia de falar em nome de todos os jovens pretensiosa; e a verdade é que eu não posso mesmo falar em nome de *todos* os jovens, porque cada um deles tem uma individualidade que é tão sua e tão complexa que seria impossível generalizar. Além disso, se levarmos em conta que 9 em cada dez jovens entre 15 e 24 anos sem acesso à internet vivem na África ou no Pacífico,[1] precisamos entender que este livro fala de um grupo específico — gigantesco, mas específico. O que eu posso fazer é falar, a partir do meu ponto de vista, sobre o panorama geral desse grupo inseridos no universo on-line, para que os outros possam entender melhor quem somos.

Como eu disse no início, acredito que nenhuma teoria supera a experiência prática, e o estalo para deixar de pensar que "não posso ser pretensiosa a ponto de achar que tenho capacidade para falar em nome de todos"

16 | *O jovem digital*

veio quando percebi que, atualmente, só pessoas mais velhas falam (mesmo que pouco) sobre o que é o mundo digital e os desdobramentos desse novo contexto em meio aos jovens.

Essa epifania veio da percepção de que sempre falam sob a ótica da teoria, e até mesmo do julgamento, já que eles próprios não passaram pela experiência de ter sua visão de mundo, suas relações e sua autopercepção construídas no contexto de um mundo digital. É quase sempre um discurso em tom de superioridade, "os jovens de hoje em dia não sabem o que é responsabilidade" — sendo que 62% dos jovens entre 18 e 25 anos hoje trabalham; desse grupo, quase 90% trabalham em tempo integral e 36% trabalham e estudam simultaneamente. Inclusive, 23% já são chefes de família. Isso não é responsabilidade?

Os jovens de hoje também são mais conscientes da importância de buscar uma vida equilibrada, em vez de correr atrás do dinheiro a qualquer custo e depois passar os últimos trinta anos da vida reclamando sobre o quanto deixaram de viver. Isso, para mim, é ser muito responsável. Somos menos resilientes, menos pacientes, mais imediatistas? Talvez. Mas existem motivos que fogem ao nosso controle, e que abordaremos mais a frente, para que sejamos assim.

É inegável que o cenário de participação jovem tem mudado ao longo dos anos; hoje temos mais espaço para expor nossas opiniões, criar tendências e ditar padrões de consumo e de conteúdo, mas ainda assim faltam espaços propícios para falarmos — o que sentimos, o que queremos, o que não queremos, o que sonhamos e o que tememos —, em vez de ter outras pessoas falando por nós.

Outra percepção importante foi: como é que os mais velhos — nossos pais, avós, professores, tios, chefes — vão entender o que motiva nossas ações, se nem espaço para falar sobre isso temos? Quando me tornei mãe, compreendi o medo de simplesmente não entender o que meu filho sente, vive, teme, quer, simplesmente por crescer e ter sido criada em um mundo e em um contexto diferente do dele. Quando meus filhos forem jovens, quero poder ler um livro escrito por alguém da idade deles para entender de que lugar eles estão falando. Quero entender o mundo em que estarão vivendo sob a ótica de um deles, e não a minha.

Você sabia que o Brasil é o país com mais jovens conectados ao digital através de um aparelho móvel? Segundo o estudo da McAfee de 2022,[2] estamos em 96%. Noventa e seis por cento. Isso é 14% a mais do que a média global, tem noção? Além disso, somos o país com maior preocupação por parte dos pais com a segurança e proteção dos filhos no ambiente virtual (71%, isto é, 14% acima da média global).

Outro ponto interessante é que, dentro da escala de preocupação, 39% desses pais disseram estar **muito preocupados**. Para você ter noção, na Inglaterra, esse número foi de apenas 11%. Ou seja, não sou só eu que fico pirando pensando em como proteger, entender e cuidar dos meus filhos quando eles viverem como jovens em um contexto no qual não vivi.

Eu quero poder ajudar os pais de hoje a entenderem seus filhos, a entenderem o contexto deles, para, assim, poderem construir relações mais compreensivas. Quero que seus filhos sintam que você é a melhor pessoa para conversar sobre a vida, que confiem em você e pensem "meu pai/mãe me escuta, me respeita, me entende".

O jovem digital foi escrito pensando não só no jovem, mas na sociedade como um todo. Este livro existe para fazer a diferença.

Capítulo 2:
O CENÁRIO DO MUNDO DIGITAL

Para entender o jovem digital, primeiro é preciso entender o atual cenário do mundo digital — que já não é o mesmo que meus pais conheceram, muito menos o que meus avós conheceram. O mundo digital quebrou barreiras que meus avós talvez nunca tivessem imaginado que poderiam ser quebradas, como a do espaço. Será que minha avó algum dia imaginaria que poderia morar em uma cidade diferente da minha e ainda assim me ligar a qualquer momento, com um dispositivo tão pequeno que cabe na palma da mão dela, me ouvir e me ver com nitidez na tela desse dispositivo e manter um contato frequente? A distância física hoje não tem o mesmo significado que antes.

E a barreira do acesso à informação? Liguei para a minha avó assim que comecei a escrever este livro, perguntei sobre suas lembranças de infância e juventude, e uma das coisas que mais me chamaram a atenção foi a dificuldade de acesso à informação e ao conhecimento. Ela suou demais para estudar e aprender. Tinha que ir a duas escolas diferentes para adquirir a base de conhecimento necessária para passar nas provas, ser aceita em outras escolas e adquirir mais conhecimento.

Para ter acesso a um livro específico, ela precisava ir até uma biblioteca pública e torcer para encontrá-lo lá. Hoje, conseguimos o mesmo livro com poucos cliques. Basta você digitar o que quer saber, e em questão de um segundo terá milhares de artigos, postagens, vídeos te ensinando a fazer o que você quer e falando sobre o assunto que você busca aprender. É muito fácil acessar informações hoje, e também é um fator que muda completamente a forma como o jovem pensa, age e vive.

Nossos pais e avós até podem estar, hoje, inseridos no mundo digital. Usam o celular para conversar com amigos e familiares, acompanham nossa vida por meio das redes sociais, compartilham memes, mensagens e vídeos que acham legais, mas, se a gente for parar para pensar, a diferença fundamental é que eles não se desenvolveram nesse contexto. Eles se formaram como pessoas e cidadãos em um mundo físico, e isso faz toda a diferença tanto na maneira como enxergam o mundo digital quanto em suas interações.

Eles "desligam" o celular e vão fazer outras coisas, enquanto nós nunca desligamos: acordamos e dormimos conectados. Ou estamos on-line ou quase off-line, mas raramente cem por cento desconectados. Comecei a perceber que estava viciada no universo digital quando acordava no meio da noite para fazer xixi e simplesmente tinha que ligar o celular e "dar uma olhadinha", ou quando pegava o celular assim que abria os olhos de manhã. O pior é que isso nem parece tão sério assim, porque é algo que já foi normalizado, mas, se pararmos por um momento para pensar de forma crítica, é extremamente bizarro e perturbador imaginar que acordamos de manhã e, em vez de olharmos para quem está ao nosso lado na cama, olhamos para uma tela.

Outra coisa que percebi que é muito diferente é que aqueles que pertencem a gerações anteriores à minha usam o celular como uma ferramenta para se comunicar com parentes e pessoas que já conhecem, enquanto nós usamos para conhecer gente nova, em vez de para reforçar o vínculo com as que já conhecemos. Sobre isso, existem estudos que comprovam que, quando utilizamos as redes sociais com o primeiro propósito, acabamos nos afastamos das pessoas que temos próximas a nós e, ao mesmo tempo, nunca nos aproximando o bastante das que acabamos de conhecer, o que faz com que nos sintamos cada vez mais solitários.

Usamos nossos dispositivos como se fossem uma extensão do nosso corpo. Queremos emitir nossa opinião para o mundo constantemente, por mais que ninguém tenha pedido, queremos fazer o máximo de coisas que pudermos dentro desse ambiente — desde construir relações sociais e amorosas até trabalhar, nos entreter, educar...

20 | O jovem digital

De tudo o que eu mencionei, o mais interessante não é só saber como os jovens de hoje agem, mas os motivos que os levam a agir de tal maneira. Em que intensidade e de que modo o ambiente em que estamos inseridos interfere nisso? O jovem digital é moldado pelo cenário do mundo digital, ou o mundo digital é moldado pelo jovem digital? Talvez um pouco dos dois; ou talvez *muito* dos dois.

De qualquer forma, para responder a essa pergunta, primeiro é preciso entender como o cenário do qual estamos falando; quais elementos fundamentais o compõem; e o quanto impactam não só o dia a dia dos jovens, mas sua formação como indivíduos, sua construção do eu e sua visão de mundo e de si mesmos.

Velocidade

Você já parou para pensar na quantidade de celebridades que, hoje em dia, surgem e somem em questão de meses? Quando começamos a ouvir mais sobre algum artista, já surgiram outros cinco que estão viralizando e aquele primeiro começa a perder força. No mundo da música, por exemplo, muitas vezes nem sabemos quem é o artista por trás de um novo hit. Ouvimos 15 segundos de uma música repetidas vezes porque ela viralizou em algum aplicativo e em menos de um mês essa música não é mais novidade, outras surgem no lugar e o ciclo continua.

E a velocidade exponencial dos avanços tecnológicos? Primeiro veio a Lei de Moore, a Teoria da Singularidade e uma de que eu gosto muito, que é a Teoria das Mudanças Aceleradas. Não estou aqui para dissertar sobre cada uma delas, mas o ponto que quero destacar é resumido no começo do ensaio de 2001 de Ray Kurzweil, intitulado *The Law of Accelerating Returns* [A lei da aceleração retorna, em tradução livre]:[3] "Uma análise da história da tecnologia demonstra que a mudança tecnológica é exponencial, ao contrário do senso comum visão linear intuitivo. Portanto, não teremos a experiência de cem anos de progresso no século XXI — será mais parecido com vinte mil anos de progresso (na taxa de hoje)." Ou seja, vinte MIL anos em cem, essa é a velocidade com a qual estamos lidando agora.

Que tal falarmos sobre a velocidade com a qual as notícias são compartilhadas e sobre a vida útil delas? Antes uma notícia "quente" ou "em primeira mão" era a que saía no jornal da manhã, ou a que aparecia no noticiário, que poderia ser no mesmo dia à noite ou no dia seguinte. Hoje, a notícia quente é aquela que é postada no mesmo segundo em que acontece, ou até mesmo antes de acontecer. Se alguém for esperar 12 horas, como antigamente, para noticiar algo, já vai ter perdido o timing — o assunto estará em centenas de veículos nas redes sociais e já será percebido como "notícia velha". Doze horas hoje em dia é MUITO tempo.

O tempo é uma construção humana, ou seja, a percepção do que é rápido ou devagar é relativa, muda de acordo com a pessoa e a situação. Podemos passar horas conversando com alguém que gostamos e sentir que foram minutos, assim como podemos passar dez minutos na esteira, por exemplo, e sentir que o tempo não passa nunca. Contudo, por mais que os conceitos de "rápido" e "devagar" sejam relativos, é indiscutível que o tempo no mundo digital passa mais rapidamente. Na verdade, ele é tão rápido que nenhum ser humano é capaz de acompanhá-lo.

Tem uma pesquisa[4] muito interessante de 2021 que analisou a percepção da duração do tempo em indivíduos com alta dependência de smartphones em comparação com aqueles sem dependência. Os resultados mostraram que os participantes com alta dependência de smartphones tinham uma percepção distorcida do tempo; com uma superestimação da duração das atividades, eles achavam que o tempo passava mais devagar do que realmente acontecia. Essa percepção alterada pode ser atribuída a mudanças na neuroquímica cerebral, sobrecarga cognitiva e alterações nos mecanismos de gratificação e recompensa. Esses dados comprovam que existe uma correlação alta entre a dependência de smartphones e a percepção do tempo.

Isso muda completamente a forma como o jovem de hoje se relaciona com todos os aspectos da sua vida: amigos, familiares, cônjuges, informação, educação, trabalho e lazer. A tolerância para o tédio é baixíssima, o que prejudica seu processo criativo e a produtividade, assim como o mantém viciado em estímulos. A paciência vem de uma tolerância mais alta para momentos de ócio, de espera, de tédio, que, pasme, é essencial para o desenvolvimento da imaginação e da criatividade.

22 | *O jovem digital*

Se o jovem de hoje está na maior parte do tempo inserido no mundo digital, que é extremamente rápido e fornece estímulos infinitos, então o esperado é que ele realmente não tenha paciência, não consiga lidar com momentos ou pessoas "lentas" (leia "no tempo normal do mundo") e se torne imediatista, pouco resiliente e ansioso. Isso é um grande perigo e não há motivos para esperar algo diferente, a menos que o cenário de vida dele seja muito peculiar.

Estava pensando na vez que percebi que tinha caído na armadilha do tempo acelerado, e o mais estranho é que não lembrei de UMA situação específica, e sim de como a minha forma de agir e pensar nas mais diferentes situações passou a ser muito problemática. Engravidei do meu primeiro filho com 19 anos, e, na minha cabeça, eu sentia que já deveria saber o que uma mãe "deve saber", e me culpava por não ser experiente e sábia como uma mãe deveria ser. Eu tinha 19 anos. Não ria.

Na minha primeira gravidez, também quis induzir o parto do meu filho, porque a ansiedade de esperar mais alguns dias para ele nascer em seu próprio era insuportável para mim. E, hoje, olhando para trás, percebo que grande parte dessa ansiedade veio de acompanhar outras pessoas na internet tendo filhos, o que me levava a pensar que eu precisava ter o meu logo.

Eu sei que, pensando criticamente agora, não faz sentido algum, mas na época era essa a sensação. Durante os anos de 2019 a 2022, eu sentia um incômodo profundo em ter que esperar os outros — para que finalizassem alguma tarefa, para que concluíssem um raciocínio. No mundo digital, eu escutava tudo no modo acelerado, e, na vida real, a velocidade normal da fala de uma pessoa parecia, para mim, que estava em *slow motion*. Cheguei a tentar ver se a Netflix tinha a opção de duplicar a velocidade dos conteúdos, mas na época não existia. Hoje, é possível fazer essa bizarrice de assistir a um filme duas vezes mais rápido. Eu só consigo imaginar o quanto todo mundo que trabalha na área do cinema deve odiar essa ferramenta. Acaba totalmente com o drama, o suspense, a tensão; tudo que é construído nas cenas com a dedicação de outras pessoas, nós, com nosso problema de ansiedade e hiperaceleração, estragamos, e ainda por cima com um sorriso no rosto de quem acha que está arrasando.

Veja, não há nada que possamos construir neste mundo que aconteça do dia para a noite. As coisas levam tempo, exigem disciplina, paciência, uma cabeça centrada, metas bem-definidas e a capacidade de se manter firme em meio às distrações cotidianas. Como é que um cérebro que foi moldado em um contexto tão acelerado como o digital vai conseguir lidar com tudo isso? É um desafio. Por isso percebo que, cada vez mais, ensinar os filhos desde cedo a lidar com a frustração, a ter paciência, a respeitar o próprio tempo e o tempo dos outros não é opcional, é **essencial**.

O outro lado dessa moeda é que, quando saímos do digital, ou seja, quando tiramos os dispositivos de perto e vivemos a vida off-line, o tempo parece passar tão devagar. O anseio de fazer, saber e resolver tudo imediatamente diminui. Há mais tempo para estudar, escrever, namorar, se exercitar, trabalhar e exercer a criatividade. Parece que a noção original de tempo volta ao comando, e a ansiedade causada pelo imediatismo aos poucos começa a sumir.

Quando fiz esse exercício de passar dias sem pegar no celular, fiquei tão bem... produzi mais, dormi melhor, me senti menos ansiosa, tive mais paciência com os outros. A sensação era a de que eu tinha entrado em sintonia comigo mesma e com o mundo de novo, no tempo original, e não no tempo acelerado da minha cabeça. Eu queria que todo jovem digital pudesse ter essa experiência para perceber que grande parte dos nossos anseios e aflições não são coisas que nasceram conosco, mas sim produtos da nossa mente que foi contaminada pelo tempo acelerado e irreal do mundo on-line.

Consumo

Em uma de minhas grandes, profundas e solitárias reflexões, comecei a pensar sobre como nosso mundo é pautado por uma lógica de consumo. A maioria de nós, jovens, acha que consumir é apenas comprar algo, ou assistir ao conteúdo de alguém, mas é muito mais do que isso. A etimologia da palavra "consumo" vem do latim *consumere* (esgotar), formada pela junção de *com* mais *suemere* (apoderar-se, gastar, agarrar). Ou seja, consumir é algo supostamente necessário e que, portanto, buscaremos para saciar nossas demandas física, subjetiva e simbólica. Não é só "comprar porque

24 | O jovem digital

achei essa blusa legal", é muito mais que isso, e, ainda que os jovens digitais não saibam, a lógica do consumo, que está no centro do que chamamos de mundo digital, molda esse indivíduo de maneira bem específica.

O termo "lógica do consumo" foi cunhado pelo escritor Martin Lindstrom, mas neste livro, quando uso esse termo, estou atribuindo um novo sentido à expressão. Martin fala sobre o nos leva a escolher comprar um produto ou não. Aqui, lógica do consumo significa que utilizamos certa estrutura de pensamento na hora de consumir, e aplicamos esse sistema mental em outras áreas da nossa vida que não têm relação com o consumo material. A tentativa aqui, então, é de mostrar como usamos esse raciocínio específico para tomar decisões, nos baseando nessa dinâmica de pensamento que estamos habituados a ter quando consumimos bens e produtos.

Pense comigo: se você, hoje em dia, compra um produto em uma loja e escreve em um site de reclamações ou nas redes sociais que esse produto não tem uma boa qualidade, por qualquer motivo que seja, você recebe uma atenção absurda e sente o gostinho do "poder" que se pode ter sobre o outro. Isso faz com que você se sinta bem, porque permite a criação da dissonância cognitiva de que você é melhor do que os outros por ter recebido tanta atenção, e então você cria a associação de que, se algo não supriu sua expectativa, é possível culpar o outro e EXIGIR o seu dinheiro de volta, por exemplo, ou esperar que sua frustração seja recompensada de alguma forma.

Se estivermos falando de empresas essa lógica pode facilmente ser aplicada, mas e quando falamos de relacionamentos? A verdade é que, hoje, praticamente tudo — para muito além das esferas comerciais — se torna uma transação guiada pela lógica do consumo. Por exemplo, se conheço uma pessoa e sozinha crio expectativas sobre ela e sobre como eu gostaria que a nossa relação fosse, mas a vida acontece e surge um desentendimento, como posso agir? Olho para mim e tento buscar o que eu poderia melhorar nas minhas ações ou na minha comunicação para resolver, junto com o outro, esse desentendimento e nos fortalecermos? Não. Afinal, por que eu olharia para mim, se o cliente sempre tem razão? Obviamente, culpo o outro e exijo meu dinheiro de volta. Termino a relação, falo mal da pessoa, xingo, faço o que quero e digo que "ela não é quem eu pensava" — sem um pingo de autorresponsabilidade.

Não é à toa que as pessoas estão se sentindo cada vez mais perdidas. E a cereja do bolo é a oferta gigantesca que esse mercado oferece a nós, jovens, em todas as áreas possíveis. Na esfera dos relacionamentos amorosos mesmo, há a ilusão de que existe uma gama enorme de pessoas que poderiam facilmente "substituir" uma outra que causou qualquer mínimo desconforto. Basta entrar em aplicativos de namoro, ou nas próprias redes sociais. Essa facilidade para buscar novos encontros é relativamente recente e vem contribuindo para relações cada vez mais efêmeras.

Quando estudei sobre o conceito de *mundo líquido*, de Zigmunt Bauman, e amores líquidos, me perguntei o motivo de isso acontecer. "Por que nós, jovens, somos assim? Por que descartamos em vez de consertarmos?" Bauman, para quem não está familiarizado, foi um sociólogo e filósofo polonês-britânico que desenvolveu o conceito de "modernidade líquida", que se refere à condição da sociedade contemporânea, caracterizada pela fluidez e instabilidade das relações sociais. Ele argumenta que, na sociedade atual, as estruturas sociais estão em constante mudança e as pessoas enfrentam incertezas e falta de estabilidade. Bauman discute temas como a fragilidade dos laços humanos, a sociedade do consumo, a globalização, a individualização e a falta de compromisso duradouro. Acredito que essa lógica do consumo aplicada a todas as áreas da nossa vida, junto ao fato de termos muito mais opções para escolhermos, explique por que nós, jovens, tendemos a descartar as relações em vez de consertá-las.

Outro exemplo disso está na área da educação, que, para mim, é uma das mais problemáticas quando falamos sobre a lógica do consumo. O individualismo é uma corrente de pensamento muito forte em sociedades ocidentais modernas, em vez do coletivismo. Esse pensamento considera o indivíduo como a unidade fundamental da sociedade, o que traz consequências boas e ruins. Por um lado, é bom porque está associado a princípios como o respeito pelos direitos humanos, a defesa da liberdade de expressão e a ênfase na autonomia pessoal. Porém, por outro lado, o aumento do individualismo também pode levar ao isolamento social, à competição exacerbada, à desigualdade e à falta de preocupação com o bem-estar coletivo. Quando falamos da lógica do consumo e do individualismo aplicados no contexto educacional, as consequências são preocupantes. Quando o adolescente

26 | O jovem digital

não sabe lidar com frustrações, com o tédio, respeitar o outro ou entender que o mundo não gira em torno de si mesmo, acaba posicionando o professor como um instrumento a ser manipulado para sua satisfação pessoal.

Nesse contexto, a linha de raciocínio é a seguinte: se posso ter tudo na hora que eu quiser, se meus desejos individuais são mais importantes do que o coletivo e se a jornada e dificuldades dos outros não tem nada a ver comigo, então não só posso, como devo reclamar, porque tenho sempre razão. Se o professor não atendeu as minhas necessidades, então ele é ruim e eu estou certo. Esse ponto de vista é egoísta e limitado, especialmente porque não contribui nem para o aluno se desafiar e aprimorar suas habilidades enquanto estudante e indivíduo, e nem para construir ambientes mais positivos e enriquecedores nos centros acadêmicos. Como alternativa, um pensamento mais produtivo seria: "Talvez eu não entenda a didática desse professor"; "Talvez eu não tenha estudado e me dedicado o bastante para essas provas"; "Talvez possamos ter um formato melhor de interação aluno-professor para o bem de todos". Esse não parece ser um jeito mais inteligente de olhar para a questão?

Parece que estamos mais evoluídos enquanto sociedade, porque temos mais acesso à informação, mas, se todas as grandes oportunidades e avanços que o mundo digital nos proporciona não caminharem lado a lado com pais preocupados em estudar sobre educação infantil, ética, moral e diversidade, e que saibam fornecer visões concretas e positivas sobre o mundo, assumir a governança de suas casas e exercer autoridade sobre seus filhos, e sejam exemplos de respeito e acolhimento, provavelmente essa estrada vai nos levar a um destino ao qual nenhum de nós quer ir.

Outra questão que favorece o consumo desenfreado é que o foco hoje está voltado para o futuro, e não para o presente. Como o futuro é incerto, temos uma juventude cada vez mais ansiosa, frustrada e insatisfeita — o que agrada o mercado e aumenta o consumo. Isso fortalece uma sociedade com pouca construção do eu, pouca satisfação na vida presente e muito foco na produtividade e no consumo. Esse cenário é uma merda para o jovem digital? Sim. Mas é ótimo para o mercado, que alimenta a lógica capitalista em que estamos inseridos e se beneficia financeiramente de tudo isso.

Assim, temos uma crescente desenfreada da procura por produtos, serviços, remédios, conteúdo, entretenimento... O jovem insatisfeito, inseguro, frustrado e ansioso não só quer, mas (sente que) **precisa** pertencer, estar (des)informado, saber os memes atuais, interagir nas redes, consumir a última versão dos produtos em display, se submeter a procedimentos para se encaixar no padrão estético, ou seja, tudo aquilo que o distraia da maior questão de todas: a construção do verdadeiro eu. Só o assunto já dá calafrios, porque implica tempo, disciplina, paciência, renúncias, esforço, constância e sacrifícios — coisas que esse jovem não foi moldado para suportar. É pressão demais, então ele quebra. O pensamento que reina diante de todo esse imediatismo é "se não posso colher os resultados agora, então não vale a pena nem tentar".

Essa questão se torna cada vez mais relevante, considerando que vivemos em um mundo dominado por empresas. O jovem, que se tornou um consumidor, começa a perceber que tem o poder de escolher não comprar e de criticar empresas e pessoas em redes sociais. Tal descoberta pode se tornar perigosa se ser consumidor se tornar mais importante que ser cidadão — afinal, as empresas, hoje, mandam mais que os governantes (isso quando não mandam NELES). Assim, o poder aquisitivo vale mais do que o poder de voto. Votar, em nosso sistema de governo, parece ser ineficiente se comparado à dimensão que uma reclamação que ganha força na internet pode causar. Por exemplo, a Apple, em 2023, está com um valor de mercado acima de 2 trilhões de dólares. Sim, eu escrevi TRILHÕES. Dos 193 países que existem no mundo, só oito têm um PIB declarado maior do que o valor dessa empresa. E olha que eu citei apenas uma.

Resumindo, o ato de consumir é a ferramenta mais poderosa da era contemporânea do capitalismo, que abrange também o mundo digital, e os sistemas dessa sociedade vão incentivar o consumo desenfreado a qualquer custo. Mesmo que o custo seja uma criança ou um jovem emocionalmente desamparado, desestabilizado, viciado, ansioso, depressivo, perdido, raivoso, carente e desesperado por direção e segurança. Eu me sensibilizo com a questão por dois motivos: o primeiro é que eu mesma sou integrante desse grupo, e sinto na pele tudo o que falei; o segundo é que sou mãe de futuros jovens, e sei que compreender essa dinâmica e tomar conhecimento dos ris-

Redes sociais

No mundo digital, as relações interpessoais são estabelecidas e desenvolvidas por meio das redes sociais, que são ambientes on-line criados para condicionar as pessoas a passarem o maior tempo possível dentro deles, onde podemos nos comunicar, relacionar, produzir e consumir conteúdos, trocar mensagens, fotos, vídeos, pensamentos, produtos, serviços e fofocas. Não é à toa que na vida digital nossas horas sejam gastas majoritariamente com isso.

Tive meu primeiro contato com redes sociais aos 11 anos de idade, com o Orkut. Foi nessa rede social que tive duas experiências bizarras que podem ajudar a explicar um pouco da complexidade de crescer em um mundo digital.

Quando você é uma menina e tem 11 anos, só quer ter amigas e pertencer a algum grupo, se sentir aceita e validada, e eu não era exceção. Tudo o que eu queria era ter amigas e poder passar o recreio com elas. A única rede social que eu tinha nessa época era o Orkut, que — não sei se você lembra — era uma plataforma de relacionamentos, na qual você criava um perfil e as pessoas podiam trocar depoimentos, montar álbuns de fotos e participar de comunidades.

Até então minha vida era normal, nada demais: eu ia para a escola, passava o recreio com minhas amigas, estudava e voltava para casa. Porém, foi quando tudo parecia normal que o bullying começou e eu passei a ter praticamente só uma amiga.

Um belo dia, cheguei em casa depois da escola, abri minha rede social, fui ler os novos depoimentos que recebi no Orkut e dois deles me marcaram de tal forma que mesmo hoje — sendo uma jovem adulta e mãe — ainda me lembro vividamente do sentimento. O primeiro era de uma menina da minha sala, a mais popular, que era alta, já tinha peitos e uma irmã mais velha. No depoimento, ela afirmava que outra menina, uma amiga em comum, era na verdade amiga *dela*, e me xingava me chamando de zoada, ridícula e dizendo que não era mais para eu ficar perto delas. *Ai!* Mas até aí tudo bem, porque eu ainda tinha uma amiga. O segundo depoimento, porém, era justamente dessa amiga que tinha restado, falando que, como eu estava sendo muito zoada na escola, ela não ia mais poder andar comigo. Essa experiência me traumatizou a ponto de eu NUNCA MAIS usar uma rede social (sério, nenhuma, até hoje) para me relacionar com amigos — se tornou uma mera ferramenta de trabalho.

A segunda história que vivi foi mais estranha, e, na verdade, explica um perigo que essas redes oferecem para nós, jovens. Quem viveu a época do Orkut sabe que uma das coisas mais comuns de se encontrar eram os perfis fakes, ou seja, pessoas que se passavam por outras completamente diferentes para parecerem mais descoladas. Eu já tive um perfil fake no Orkut. Escolhi um nome fictício, fotos de uma menina que devia ter uns 17 anos e era bem mais bonita e legal que eu, e fingia ser ela. Eu conversava com outros fakes, criando situações fictícias que chegavam a narrativas sobre namoros. Lembro que cheguei a falar sobre beijar e ter um encontro fictício; e não passei disso porque eu nem sabia o que vinha depois, mas é assustador mesmo assim.

Em retrospecto, vejo que aquele perfil fake era uma fuga da minha realidade de pré-adolescente, um meio de ser quem eu gostaria, sentir que eu era mais velha, desejada, descolada, popular. Mas hoje também penso: *quem era o outro fake criando aquelas situações comigo?* Poderia ser uma menina ou menino da minha idade, assim como poderia ser um pedófilo e essa situação toda poderia ter saído do controle — como muitas vezes acontece — e eu passaria a correr perigos reais. Minha mãe tem uma amiga cuja filha de 12 anos fugiu para outro estado para se encontrar com seu "namorado" da rede social, que era pelo menos 25 anos mais velho que ela. No fim ficou "tudo bem" (se não considerarmos os danos psicológicos sofridos por essa mãe e por essa criança), mas poderia não ter ficado.

Acho importante falar sobre isso porque o mundo digital oferece, sim, muito risco para os jovens, especialmente até os 17 anos, mas vou deixar para aprofundar esse assunto no Capítulo 10.

Por outro lado, sem as redes sociais eu não teria chegado onde cheguei. Não teria tido sucesso com a minha empresa, não teria pavimentado o caminho para criar uma geração de meninas empreendedoras, não teria me

30 | O jovem digital

tornado uma voz potente no meu país e para a minha geração, não teria um programa na TV, não teria palestrado para milhares de pessoas, não teria conquistado minha liberdade financeira ainda jovem, talvez nem filhos eu tivesse, e com certeza não estaria escrevendo este livro. O meu ponto é: se utilizadas com inteligência, as redes sociais são as ferramentas mais potentes que existem hoje — seja para amplificar sua voz, atingir milhões de pessoas pelo mundo, transmitir uma mensagem, criar um negócio de sucesso, ser reconhecido em sua área de atuação, estourar a bolha.

Quando falo de jovens e de redes sociais, tenho dois cenários muito nítidos em mente: risco e oportunidade. O risco está em tudo que é potencialmente perigoso para esses jovens, psicológica ou fisicamente. Estranhos se passando por outras pessoas, perda de habilidade social por não saber equilibrar o uso das redes com a vida off-line, ansiedade generalizada como o resultado de passar mais tempo em um ambiente com hipervelocidade do que no tempo real do mundo, insegurança e baixa autoestima pela comparação constante com pessoas que nem conhecem de verdade e estilos de vida editados.

Além disso, tenho estudado muito a relação entre redes sociais e cérebro, e há descobertas interessantes — e alarmantes — sobre isso que eu gostaria que você soubesse. Das várias consequências nocivas que encontrei nas minhas pesquisas, quero falar sobre três aspectos que têm sido modificados pelo uso de redes sociais: a capacidade de atenção, o padrão de recompensas e a memória.

Estudos[5] têm mostrado que os chamados *heavy users* das redes sociais, ou seja, os usuários assíduos de determinada plataforma, têm desempenhos piores em testes cognitivos do que usuários moderados ou leves, especialmente naqueles testes que examinam sua atenção e capacidade de realizar multitarefas. Segundo os estudos, essas pessoas precisam de muito mais esforço para conseguir se manter focadas em meio às distrações, por menores que sejam. Além disso, há um encolhimento das partes do cérebro responsáveis por manter a atenção.

Quanto ao sistema de recompensas do cérebro dos *heavy users*, os resultados desses estudos mostram mudanças significativas devido à liberação desenfreada de dopamina que o uso das redes sociais causa. O cérebro dessas pessoas, quando examinado, é extremamente parecido com o de usuários de drogas ou viciados em apostas. É sério nesse nível.

Por último, o que chamou a minha atenção foi que esse grupo também acaba tendo déficit de memória, o que, no longo prazo, contribui para a diminuição do tamanho e da capacidade funcional do cérebro.

A oportunidade, por outro lado, é enorme quando o uso das redes sociais é controlado e estratégico. Um jovem com mínimos recursos é capaz de atingir milhões de pessoas e mudar a própria realidade e a da sua família. Um exemplo disso é o Whindersson Nunes, que era um menino do interior do Piauí, com pouquíssimos recursos, mas que tinha um talento e soube usar as redes sociais para se comunicar e transformá-lo em uma profissão. Hoje, tendo quebrado barreiras inimagináveis e mudado totalmente o rumo da sua vida e da sua família, Whindersson é uma das maiores personalidades do nosso país.

As redes sociais, como ferramenta de trabalho e amplificação de uma mensagem ou de uma profissão já existente no mundo off-line, funcionam como o modo turbo em um joguinho de corrida: te fazem andar muito mais rápido, chegar mais longe e obter vantagem sobre quem ainda não usa o digital dessa forma.

(Des)Informação

Uma das coisas mais intrigantes, pelo menos para mim, sobre o mundo digital é quão enganoso ele pode ser. Se perguntarmos para dez pessoas se elas acham que a internet facilitou o acesso à informação, provavelmente as dez vão responder que sim. Mas, se perguntarmos a essas mesmas dez pessoas se acham que o mundo digital nos tornou mais informados e inteligentes, talvez a resposta do grupo mude.

Ter acesso à informação e ser uma pessoa informada são coisas muito diferentes. Talvez a época em que isso fique mais explicitado seja nas eleições. No Brasil, temos eleições a cada quatro anos para a maioria dos cargos políticos do país, incluindo a Presidência da República. Nos meses que antecedem as eleições, somos bombardeados por informações sobre os candidatos, sobre o governo atual, sobre o que os especialistas acham que seria bom ou ruim. É uma loucura. Aqueles que estão convictos de que o

32 | O jovem digital

candidato X é melhor do que o Y consomem somente os conteúdos que corroboram essa ideia, e acreditam que são os detentores da verdade.

O que essas pessoas possivelmente nem percebem é que existem dois problemas fundamentais quando falamos de informação e mundo digital. O primeiro é que as redes sociais, por exemplo, não são feitas para transmitir a verdade, e sim para fazer você passar o máximo de tempo possível nelas consumindo conteúdo e publicidade que são veiculados. Ou seja, se você consome conteúdos falando que o candidato X é o melhor, se lê notícias sobre ele e compartilha isso, o algoritmo vai te mostrar cada vez mais desse mesmo assunto, já que, pela lógica, é isso que te faz ficar mais tempo ali. Assim, sua percepção de mundo, na verdade, se torna cada vez mais unilateral, até que as notícias que contrariem sua verdade simplesmente param de aparecer para você.

O segundo problema é que, como são colocados bilhões de conteúdos no ar todos os dias, é praticamente impossível que as plataformas digitais consigam checar e garantir que a informação a qual você está tendo acesso é de fato verídica. Dessa maneira, pela falta de contraponto no que você consome, a tendência é se tornar cada vez mais radical nas próprias crenças, e cada vez mais desinformado, porque, se você baseia suas opiniões em mentiras, na realidade, está caminhando para o precipício com os olhos vendados.

Nesse cenário, então, mais informação não é sinônimo de mais pessoas informadas e capacitadas. É, na verdade, sinônimo de mais pessoas desinformadas e radicais, o que é prejudicial não só a elas mesmas, mas à sociedade como um todo. Esse excesso afeta diretamente o cotidiano de quem o consome, provocando um estado de esgotamento, cansaço, desgaste coletivo e individual — é ruim para todo mundo.

Outro ponto importante sobre isso, que percebo afetar demais os jovens e que precisamos modificar, é que o excesso de conteúdos molda indivíduos que sabem consumir informação, mas não sabem aprender. Saber aprender é uma habilidade essencial para a evolução. Uma vez que no mundo digital é muito fácil encontrar qualquer informação em um piscar de olhos, acabamos desenvolvendo uma dificuldade enorme de achar soluções para problemas.

O que me salvou nesse quesito foi o fato de ter começado a empreender tão cedo. Fui forçada a adquirir a habilidade de resolver problemas e encontrar soluções de forma rápida e eficiente. Se não fosse isso, talvez, como muitos jovens digitais, eu tivesse me tornado uma pessoa que reclama da vida o tempo inteiro, foca toda sua atenção nos problemas e é incapaz de encontrar soluções para os obstáculos.

Vejo muito isso no meu trabalho como educadora. Ainda há muitas pessoas que não sabem assimilar conhecimento e adaptá-lo à própria realidade. Toda vez que dou um exemplo prático de como aplicar um conceito do empreendedorismo, e mostro para os alunos o que deveriam fazer se fossem, por exemplo, psicólogos, logo após a explicação, sempre tem pelo menos uma pessoa para perguntar: "Eu, no caso, sou nutricionista. Como faço, então?" Preste atenção: acabei de explicar exatamente como fazer, mas, simplesmente porque não dei o exemplo usando a situação específica desse aluno, ele não consegue entender a aplicação.

Estamos muito acostumados a ter tudo de mão beijada e a acessar informações sem esforço algum, então esquecemos de pensar fora da caixinha. Não acho que falta a essas pessoas a capacidade intelectual para adaptar conhecimento às suas realidades; só acho que o primeiro instinto delas é perguntar para não ter que incomodar o próprio cérebro, estimulando-o a pensar algo diferente sozinho.

De qualquer forma, existem soluções para esses problemas, mas já adianto que exigem um pouco de esforço cerebral! Mas, levando em conta que você já fez o movimento de buscar informação fora das redes e está lendo este livro, confio no seu potencial. A primeira solução é checar a veracidade das informações em vez de só consumi-las passivamente. Para isso, é importante procurar fontes confiáveis, que forneçam o máximo de dados e embasamento científico.

Se alguém disse que fulano de tal fez determinada coisa, então busque a informação completa, verifique o que os veículos sérios, como jornais renomados, estão falando sobre o assunto, vá no perfil e veja o que essa pessoa fala ou falou dentro do contexto em que foi dito, e não fora dele. Clicou em um post que ensina algo com base na teoria de outra pessoa? Pesquise o nome dessa pessoa, veja a obra dela, leia por completo e observe se quem

34 | *O jovem digital*

fez a tal postagem só está copiando o que viu de um terceiro produtor de conteúdo, se está disseminando informações falsas ou reproduzindo-as corretamente.

Um exemplo disso é a pirâmide de Abraham Maslow, que o pobre do Maslow nunca sequer desenhou. Ele escreveu, em 1943, um artigo com o título "A teoria da motivação humana" e falou sobre a hierarquia das necessidades, sem desenhar pirâmide alguma. Anos depois, um cara chamado Charles McDermid escreveu um artigo e desenhou uma pirâmide usando a teoria de Maslow, falando que essa pirâmide poderia ser usada para gerar uma motivação máxima com menor custo. Bam! Milhares de pessoas, até hoje, sequer sabem disso e usam esse conceito errado para ensinar aos outros. Uma coisa superlegal que acabaria com esse problema seria a pessoa pesquisar no Google: "teoria de Maslow original", e ter um pouco mais de vontade de achar o artigo inicial, passando da primeira página de resultados (que, em sua maioria, mostram essa representação gráfica erroneamente disseminada). Eu não sou uma gênia da psicologia e achei o artigo traduzido pela USP em cinco minutos de busca.

A segunda solução é consumir informação de fontes confiáveis, mas de pontos de vistas diferentes. Leia sobre aquilo que você gosta, mas também leia os contrapontos disso. Tome a decisão consciente de gostar, acreditar e defender o que quer que seja depois de ter analisado o cenário completo e tirar a própria conclusão, não porque se submeteu a uma lavagem cerebral por nunca querer ser contrariado. Quanto mais nos exercitarmos para buscarmos informações diversas, mais completos e conscientes seremos. Não acredite de cara em tudo que você vê ou lê; conteste. Eu, como uma pós-graduada em Filosofia e amante da sabedoria, acredito que o caminho para a evolução intelectual é justamente questionar.

Quer ser mais informado? Questione. Quer que seus filhos, que são ou serão os jovens digitais, sejam mais conscientes e informados também? Incentive-os a buscar por diferentes respostas. A cada pergunta que fizerem, celebre, ensine-os a investigar, a buscar respostas e a criar novos questionamentos a partir disso. Esse é o caminho.

Superexposição

Outro dia, navegando pelas redes sociais, vi a postagem de uma mulher pelada tomando banho com uma frase motivacional na frente. Ela mesma postou. Fiquei tão assustada com a exposição física que não sabia nem o que pensar. Essa mesma pessoa, em outro momento, estava expondo voluntariamente em suas redes sociais traições e conversas íntimas com seu parceiro, expondo não só ele, mas também seus filhos, sua família e a si mesma. Se a normalização desse tipo de coisa não é um delírio coletivo, então estamos correndo riscos maiores do que imaginamos.

O jovem digital não acha tão absurdo assim expor intimidades para milhares de estranhos, porque ele cresceu vendo isso acontecer com uma frequência diária, por pessoas que têm reconhecimento, milhões de seguidores, que são aplaudidas, linchadas, criticadas, ganham (aparentemente) rios de dinheiro por meio dessa exposição. Ela é normalizada, e até mesmo tratada como algo positivo; afinal, quanto mais se exibe, mais seguidores, e, quanto mais seguidores, mais dinheiro (será?). É fácil perder-se de si mesmo no mundo digital.

Para que esse cenário não se torne comum, é preciso que sua criação não normalize isso. A educação voltada para o questionamento, o desenvolvimento do intelecto, a intimidade como algo que deve ser preservado e a ética e moral quanto ao papel de cidadão e ser humano.

Quando falamos de internet e do mundo digital, a exposição não é momentânea. Tudo que for exibido em tal cenário ficará gravado nele para sempre. Esse é um peso gigante, tendo em vista que as gerações anteriores podiam fazer merda quando eram adolescentes e ninguém necessariamente saberia disso no futuro. Hoje, uma frase errada que você fala quando ainda é uma criança ou adolescente pode manchar sua imagem e seu futuro para sempre.

Lembro que quando eu estava no Ensino Médio, surgiu uma nova rede social que tinha como propósito inicial ajudar as vítimas de bullying, e era uma plataforma na qual as pessoas poderiam postar frases, vídeos e fotos anonimamente e interagir sem expor suas identidades.

36 | *O jovem digital*

A intenção era boa, mas o resultado foi catastrófico. Centenas de nudes de meninas menores de idade foram divulgadas nessas redes por seus "parceiros", nos quais elas confiavam, resultando em suicídios de meninas na faixa de 13 a 17 anos por conta dessa exposição. A coisa ficou tão séria que eu me lembro de recebermos na escola policiais especializados em crimes cibernéticos para falar sobre os riscos que os adolescentes corriam nas redes, sobre o fato de que se expor, por mais que seja para alguém de "confiança", poderia ser prejudicial e sobre como lidar de forma segura com as redes sociais e o mundo on-line.

Ter a presença de um policial na nossa sala de aula, falando sobre esses riscos foi algo que me marcou, por ver o tamanho do problema que se expor sem pensar antes poderia causar. Só que era um cara de uns 50 anos falando isso para meninos e meninas de 13 a 17 anos. Ele não conseguia se conectar com os motivos que levavam uma menina a mandar um nude para um garoto de quem ela gostava, e o efeito só passou porque conseguiram encontrar alguns dos culpados e baniram o aplicativo.

E se alguém mais jovem, que passou por algo assim, pudesse falar de coração com esses adolescentes? Surtiria muito mais efeito. Ou se falássemos sobre como o machismo estrutural da sociedade afeta negativamente tanto meninas quanto meninos, fazendo as primeiras acreditarem que a única forma de serem valorizadas é expondo a si mesmas, e os meninos de crerem que seu valor é medido por expor aquelas que confiaram neles. Obviamente existem várias nuances e nenhum adolescente é igual, mas esses estereótipos prejudicam a todos, e posso dizer por experiência própria que teria feito toda a diferença ouvir alguém falar sobre isso nessa idade.

Não poderíamos falar com os pais também, para que eles supervisionassem a presença dos filhos nas redes sociais? Conversar com eles sobre como estão educando seus filhos homens quanto ao respeito às meninas? Não adianta falarmos sobre segurança se os adultos não ensinam seus filhos a respeitar as mulheres.

Enfim, são muitos os questionamentos, mas acredito que o caminho para a diminuição da superexposição esteja na educação e na responsabilização das empresas. Vou explicar: primeiro, pais precisam participar ativamente da educação dos seus filhos juntamente com a escola. Precisam ser o exemplo, precisam abrir um diálogo sem preconceitos e com muita escuta, o mais cedo possível. Com uma criação assim, dificilmente esse jovem dará palco para personalidades que superexpõem sua vida nas redes.

O grande problema é que, quanto mais as pessoas se expõem, mais seguidores elas ganham, então isso começa a parecer um bom caminho para o sucesso. Outro problema é a responsabilidade que as empresas têm ao escolher quem contratam para falar em nome do seu negócio. Se uma pessoa se expõe na internet (ou a um terceiro) de forma que prejudique a noção de ética e moral dos jovens, influenciando para comportamentos negativos, então a marca deveria repensar sua estratégia de publicidade. Eu sei que é mais complexo do que parece, porque, hoje em dia, já é possível monetizar em cima de audiência e atenção, mesmo sem fechar acordos publicitários, mas acredito que seria um começo interessante. O dinheiro é uma das formas mais importantes de ditar comportamento. Se esse tipo de atitude for o oposto de ganhar dinheiro ou reconhecimento, então a conduta geral dos consumidores vai mudar também — afinal, vivemos em um mundo capitalista.

Novos sentimentos

O mundo digital trouxe consigo novos sentimentos, que atingem principalmente aqueles que se desenvolveram no contexto on-line — ou seja, os jovens digitais. Antes, já existiam transtornos mentais amplamente difundidos no mundo, mas nada comparado ao contexto atual.

Ansiedade, depressão, vazio existencial, crise de personalidade, superinflação do ego, imobilidade frenética, comparação exacerbada, insegurança, distorção de imagem — esses são apenas alguns dos novos sentimentos que cresceram junto com a ascensão do mundo digital.

Em nenhuma outra época na história da humanidade tivemos mais pessoas sofrendo com ansiedade do que nos dias de hoje. O Brasil, inclusive, é o país mais ansioso do mundo; são mais de 20 milhões de brasileiros sofrendo com o transtorno de ansiedade. Esse fato não é um acaso, e sim uma junção de vários fatores, especialmente o digital.

Um estudo realizado pela *Canadian Journal of Psychiatry*[6] comprovou que, quanto maior o uso de telas, maior o nível de ansiedade. Isso já era de esperar, visto que, quanto mais tempo passamos nos comparando com os outros, distantes da nossa realidade e sem fazer algo que movimente nosso corpo ou estimule nossa mente positivamente, maior a sensação de "eu deveria estar fazendo algo diferente", "eu deveria ser de um outro jeito que não esse", "eu deveria ter uma vida que não tenho". Todos esses sentimentos podem ser gatilhos para o desenvolvimento de um transtorno de ansiedade.

Não lembro da primeira vez que tive uma crise de ansiedade, mas lembro da mais forte de todas. Foi em 2022, o ano de trabalho mais puxado que já tive, também o período em que parei de praticar esportes com frequência. Totalmente imersa no mundo digital e sem tempo de descanso (olha a ideia do excesso de produtividade aqui). Eu estava vindo de uma série de meses tendo crises — de burnout (quatro em um ano), de TAG (transtorno de ansiedade generalizada), e, ainda, três episódios de depressão.

Foi um ano no mínimo desafiador. Em novembro de 2022, tive a maior crise de ansiedade da minha vida, que escalou e se tornou uma crise do pânico: o resultado foi eu chorando compulsivamente sentada na cama sem conseguir me mexer nem para ir ao banheiro porque meu corpo todo estava rígido, acometido por um medo que não sei explicar.

Mas essa não é a única crise de que eu me lembro, foi apenas a pior que já vivi. Com 16 anos, tive uma tão forte que quase fui internada no hospital, porque não conseguia parar de vomitar e tinha desenvolvido uma gastrite nervosa.

Estou contando isso não para você ter pena de mim nem nada do tipo, mas para mostrar quão física a ansiedade é. Assim como a depressão e todos os outros transtornos e sentimentos que citei. Quando entendermos que o uso descontrolado e irresponsável dos recursos digitais é diretamente proporcional ao aumento de todos os transtornos de que citei, aí sim vamos mudar o rumo de uma geração inteira.

O mundo digital também trouxe sentimentos relativamente novos, como a crise de personalidade. Passei mais de um ano sofrendo com isso. Eu não sabia qual Isabela eu era — se a da internet ou a que eu me tornava fora dela. Qual das duas era a melhor? A Isabela empreendedora, prodígio, perfeita, impecável, imparcial, ou a Isabela real, descabelada, cansada, que fala palavrão, que ama rap, que tem opinião política e social? A sensação é que além de não saber qual delas me representava de verdade, eu também me sentia mal comigo mesma quando não conseguia ser tão perfeita quanto a versão de mim que construí para o mundo digital.

Tive que trabalhar alguns meses na terapia para entender quem eu realmente era, o que eu queria para a minha vida, qual era meu caminho e se o que eu estava fazendo apontava uma direção que faria sentido para mim ou não. Foi uma jornada difícil, mas extremamente necessária, porque essa crise de personalidade me causava muitas emoções negativas, o que desencadeou também a ansiedade e a depressão.

Um dos sentimentos mais presentes no mundo digital, que eu, você e qualquer um conhece alguém que tem, é a superinflação do ego. Parece que estamos dentro de um oceano em que cada gota de água é a *ego trip* de uma pessoa. Acontece em cada perfil que visitamos: tudo é sobre aquela pessoa, todos têm que amar, admirar, venerar, idolatrar e concordar com ela. Não existe espaço para diálogo ou debate, porque tudo que está ali é feito para alimentar o ego da personalidade em questão.

Se pararmos para pensar, as redes sociais são estruturadas em um formato que não facilita o diálogo; é uma página individual, e quem tem mais atenção nessa página ganha. Audiência, retenção, likes, comentários, engajamento, visualizações, tudo isso é glorificado no digital, mas o diálogo, não. Ou seja, você não precisa saber conversar e se relacionar com o outro, só precisa ser bom em chamar a atenção e retê-la pelo máximo de tempo que puder.

Como as mídias sociais são um conjunto de vários perfis individuais, então é normal que as pessoas usem esse espaço para se comparar com as outras. O perigo, no entanto, está no fato de elas compararem o 100% que sabem da própria vida com os 2% que sabem da vida do outro. E esses 2% da vida do outro são meticulosamente escolhidos para apresentar ao mundo uma imagem específica. Isso significa que você está comparando coisas completamente diferentes, uma real e outra irreal.

É quase como ficar triste porque um personagem de filme é mais bem-sucedido e esquecer que ele não existe, é um ator ou atriz que o interpreta, há dezenas de câmeras e profissionais atrás de cada cena; é um trabalho. Comparar-se com outra pessoa nas redes sociais é igual a se comparar a

40 | O jovem digital

atores, mas o fazemos mesmo assim. E quando nós, jovens, entramos nessa espiral dentro do universo digital, ficamos presos e esquecemos que o que vemos ali não é a realidade. O sentimento gerado por esse tipo de comparação ultrapassa as barreiras do mundo digital e em algum momento paramos de distinguir o que é ilusão e o que pertence ao mundo real.

Se os jovens estão, portanto, passando mais tempo no mundo digital, se comparando com os personagens irreais, é natural que estejam também mais egóicos e, consequentemente, mais ansiosos e inseguros — por exemplo, quanto a sua aparência, para iniciar uma conversa com outra pessoa. Quando um jovem cresce sem construir o traquejo social que só o mundo off-line e os relacionamentos cara a cara proporcionam, então a cada dia que passa terá mais dificuldade de falar, se relacionar, se expressar, dialogar, se inserir em grupos, amizades verdadeiras e construir relacionamentos próximos.

Eu sei que até aqui este livro está tendo um tom meio pessimista, mas prometo que não é. E para provar isso, vamos falar, então, sobre as oportunidades.

Oportunidades

Existe lado ruim no mundo digital? Sim… mais de um, na verdade. Mas esse mesmo contexto também oferece oportunidades com as quais ninguém nem sonhava antes.

Uma menina de 12 anos pode criar um negócio do seu quarto, sem um investimento inicial alto, e não só ganhar milhões de reais com ele como se tornar pioneira e influenciar uma geração inteira de outras meninas a se tornar empreendedora, passando a ser uma voz potente em seu país, mesmo jovem. É o meu caso. Sem as oportunidades que o mundo digital oferece eu não estaria aqui.

Outro jovem, em outro país, pode criar uma rede social para os colegas da faculdade e mudar o mundo inteiro para sempre, assim como um professor comum pode começar a filmar suas aulas, escrever livros, gravar vídeos para as redes, construir uma forte presença on-line e não só ter milhares de alunos pelo mundo como se tornar reconhecido por milhões de pessoas pelo seu trabalho.

O cenário do mundo digital | 41

Ou uma manicure, que antes do digital tinha um plano de carreira limitado, um teto do quanto poderia ganhar, porque não conseguiria atender mais do que uma pessoa por hora, pode agora usar as redes sociais não só para divulgar seu trabalho e passar a cobrar mais pelo seu serviço como também para produzir conteúdo repassando seus conhecimentos, eventualmente vendendo cursos profissionalizantes para outras manicures e, então, se tornar milionária.

Nada disso foi inventado, são pessoas reais que fizeram acontecer utilizando as ferramentas disponíveis na internet.

Também tenho prestado muita atenção à maneira como o TikTok tem quebrado barreiras quando falamos de produção de conteúdo, audiência, influência digital e dinheiro. Navegar no TikTok é ver o conteúdo amador, nativo, feito sem muito preparo e apenas com a câmera do celular atingir milhões de pessoas todos os dias. Antes, a produção de conteúdo era mais elitizada, pois normalmente exigia uma câmera, um microfone e um computador para edição. Hoje, basta ter um smartphone e criatividade.

Um assunto que está ganhando cada vez mais força é a utilização das redes sociais e a produção de conteúdo com o objetivo de conectar mais as pessoas com as empresas e seus produtos ou serviços. As grandes corporações não estão mais colocando toda a sua verba de marketing em campanhas de TV, ou em outdoors nas ruas; estão olhando para o mundo digital e montando estratégias para se aproximar do seu consumidor — isso porque entenderam que esse meio é mais barato, com maior alcance e mais dados para trabalhar.

Antes, uma campanha custava milhões de reais para atingir um público de 3 milhões de pessoas. Hoje, existem influenciadores de nicho que obtêm 3 milhões de visualizações a cada story que postam e cobram menos de 40 mil reais para fazerem publicidade para seus seguidores. A marca ganha, e a pessoa, que talvez não conseguisse ganhar esse dinheiro em um trabalho tradicional, também.

Eu estava em um evento, participando de um painel sobre inovação, mundo digital e negócios, e me fizeram a seguinte pergunta: "Como você imagina que seriam seus negócios se não existissem as redes sociais?" Minha primeira reação foi dar uma risada, porque é impossível imaginar algum dos meus negócios dando certo sem as plataformas digitais. Eu não tinha dinheiro para fazer marketing do meu negócio, mas tinha um smartphone e criatividade, então produzia conteúdo desde o início e assim conseguia vender como as grandes empresas sem gastar um centésimo do que elas gastavam, simplesmente porque sabia usar as redes sociais para criar uma comunidade não só de seguidores, mas de compradores. Eu não teria criado a minha *edtech* se não existissem as redes sociais e a internet, até porque o modelo de negócio dessa empresa é literalmente unir educação com tecnologia — ofereço educação em treinamentos, sendo a maioria a distância, e distribuo isso para pessoas do mundo todo usando o meio digital.

Agora, saindo um pouco das oportunidades de trabalho, vamos falar de relacionamentos. É inconcebível para mim, uma jovem digital, que para uma esposa dos anos 1970 ter notícias de seu marido durante o dia, ela precisasse literalmente esperá-lo chegar em casa. Não tinha como mandar uma mensagem, avisar que algo tinha acontecido, ligar para o celular... Também não consigo imaginar que algumas dezenas de anos atrás eu não poderia ter contato com alguns dos meus melhores amigos, já que eles moram em continentes diferentes. Com as ferramentas digitais, eu faço ligação de vídeo para eles, conversamos sobre a vida, e a sensação é que estamos próximos como se morássemos em ruas paralelas.

Outra coisa que me fascina sobre a digitalização do mundo é o fato de que minorias como negros, homossexuais, mulheres, idosos, pobres — que antes eram tratados como cidadãos de segunda classe pelo Estado e pelas elites, sendo calados, impedidos de buscar mais direitos —, agora podem, por meio de plataformas digitais, não só falar como unir um número gigante de pessoas que compactuam com sua luta para realizar transformações muito significativas. Seja criando canais de diálogo, de denúncias ou simplesmente tendo uma voz potente no contexto digital, esses grupos têm mudado muito o contexto político e social, abrindo espaço para as pessoas terem mais liberdade e direitos, como deveriam.

Uma oportunidade que também surgiu com o mundo digital foi a descentralização do poder urbano. Antes, para ter qualquer chance de sucesso profissional e financeiro, as pessoas precisavam migrar de suas cidades natais para as grandes metrópoles, porque era nelas que estavam as maiores empresas e todo o núcleo comercial.

A concentração de capital nas metrópoles ainda é uma realidade, mas a mudança fundamental é que hoje você não precisa estar nesses lugares para vender, crescer profissionalmente e enriquecer. Eu não preciso estar em São Paulo para vender meus produtos para o Brasil inteiro; basta ter uma agência dos Correios na minha cidade que eu consigo, através do digital, criar um site, ter perfis nas redes, produzir conteúdo e enviar esses produtos para qualquer pessoa em qualquer lugar do país. Uma psicóloga não precisa estar na cidade grande para atender mais pacientes e conseguir cobrar mais pela sua consulta: hoje ela pode fazer atendimentos pela internet e, dependendo da força de sua presença on-line, pode cobrar dez vezes mais do que outra psicóloga pelo mesmo tempo de consulta.

Estamos falando de um novo mundo. Um mundo que deu mais poder para as pessoas, tirou o monopólio da disseminação de informações das mãos de poucos e colocou nas mãos de muitos, um mundo que quebrou as barreiras físicas e que permite que você esteja perto de quem ama, mesmo que essa pessoa esteja a centenas de quilômetros de distância. É uma nova realidade — isso é incontestável. E, como tudo nesta vida, tem seu lado maravilhoso, bem como seus desafios, com os quais precisamos aprender a lidar.

Capítulo 3:
SAÚDE

Você já viu uma criança tendo uma crise de ansiedade? Criança mesmo, por volta dos 5 anos de idade. Lembro que uma vez fui levar meus filhos no parquinho e tinha uma menininha de 3 anos tendo uma crise de ansiedade. Ela estava com a babá, eram mais ou menos 3 horas de um dia muito gostoso, provavelmente era o momento do seu passeio da tarde, mas, quando percebeu que tinha outras crianças perto dela no parquinho, ela simplesmente começou a se desesperar, chorar, não conseguia respirar direito.

Eu, como mãe, cheguei perto da babá e perguntei se ela precisava de alguma coisa, e a moça me disse que a menina ficava assim perto de outras crianças, tanto por causa da pandemia como porque sua vivia mais isolada em casa, só com os pais. A menina só se acalmou quando pegou o celular, e então foi embora do parquinho.

Aquilo me marcou de tal forma que eu brinquei com o Leo e a Maya e, depois que voltamos para casa, sentei à mesa da sala e comecei a refletir sobre como eu iria criar eles nesse novo mundo, para que sejam seres humanos preparados para os desafios da vida. O Leo já tinha uns 2 anos, e foi aí que eu reduzi quase que totalmente o acesso dele às telas.

Quando meu filho nasceu, eu não tinha ajuda em casa. Nem babá, nem alguém para dar uma força na limpeza ou para me ajudar a cozinhar. Era só eu, o Leo e o Luan, meu marido, que nessa época trabalhava fora. Eu tinha minha mãe e minha sogra muito presentes, mas no dia a dia precisava me virar nos trinta para conseguir cuidar dele, dar de mamar, trabalhar no meu negócio, produzir conteúdo, comer e manter minha higiene básica. Era uma loucura, e as telas vieram como uma salvação para mim como mãe naquele momento.

Eu tinha 20 anos, tentando dar meu melhor, querendo estar perto dele, e colocar desenhos infantis na TV não parecia algo nocivo. Segui com esse pensamento até estudar mais sobre desenvolvimento infantil e ver os resultados dos estudos e pesquisas sobre o efeito do acesso às telas no cérebro de uma criança. A partir desse estudo, comecei a refletir sobre a minha escolha até aquele momento. Quando meu filho apresentou sinais de atraso de fala, mudei tudo.

O Leo sempre teve um desenvolvimento motor acima da média, mas a fala atrasou e ele precisou fazer fono por um ano para corrigir a pronúncia e outras coisinhas. Obviamente, ali eu senti que tinha falhado como mãe, até entender que, na verdade, fiz o melhor que pude com o que eu sabia — e é exatamente por isso que estou escrevendo para você aqui agora. Para que, caso você seja mãe de um neném ou venha a ser, saiba o que eu não soube e não cometa o mesmo erro. As telas parecem ajudar, mas no longo prazo atrapalham em uma magnitude ainda desconhecida.

As telas e a saúde mental

Acho interessante falarmos sobre isso, porque pensar em saúde no contexto do mundo digital é entender exatamente essa relação entre ser humano e telas, e saber o quanto o uso delas impacta na nossa saúde física e mental. Com meu relato e o de vários outros pais, é possível perceber que o acesso ilimitado ao mundo digital implica consequências negativas para os seres humanos em qualquer fase, mas principalmente para os pequenos. O que precisamos compreender é que até na vida adulta a saúde é afetada pelo uso excessivo de telas, mas a saúde do jovem digital ou da criança em plena fase de desenvolvimento, com esse mesmo acesso, é diferente por causa do quão cedo foram inseridos nesse mundo.

46 | O jovem digital

Não sei você que está lendo este livro, mas eu já sofri muito com minha saúde mental e também com as consequências disso em minha saúde física. Vou falar sobre isso de uma forma que nunca contei antes, e depois vamos discutir a saúde do jovem digital em termos gerais.

A primeira vez que tive uma crise de ansiedade séria foi com 15 anos. Tive que ir para o pronto-socorro, quase desmaiei algumas vezes e vomitei muito; eu realmente achava que estava morrendo. Tomei remédios para enjoo na veia e vomitei eles, até que o médico chegou ao diagnóstico final: gastrite nervosa causada por ansiedade crônica. Não lembro qual foi o gatilho exato dessa crise; eu sabia que me sentia desse jeito fazia muito tempo, só não tinha chegado a esse ponto ainda.

Quando eu tinha uns 7 anos, minha aula na escola começava às 13h30. Se eu não estivesse na escola até 12h30 para ser a primeira a chegar na sala de aula, eu ia o caminho inteiro chorando compulsivamente. Sinto que sempre fui uma criança mais ansiosa do que deveria, mas esses episódios eram bem-controlados e não atrapalhavam meu dia a dia.

Um pouco mais velha, na fase da adolescência, os episódios se tornaram mais frequentes até que crises como a que eu descrevi passaram a acontecer periodicamente. Porém, com o tempo parei de ir para o hospital, tentava me acalmar sozinha e tomava algum remédio para proteger meu estômago.

Na mesma época tive minha primeira crise depressiva. Com 14 anos, me lembro de pensar quase todos os dias: "Por que estou aqui? Nada faz sentido. Não faz sentido ir para a aula, ter que fazer o que eu faço, não quero ter que levantar e passar por mais um dia. Estou cansada e não vejo motivo para nada disso".

Podiam ser crises existenciais adolescentes, que são mais comuns do que imaginamos, mas, olhando para trás, com a maturidade e o conhecimento que tenho hoje, vejo que estar imersa na tecnologia influenciou bastante também. Eu queria ser popular nas redes sociais, queria que meus amigos gostassem das minhas fotos, passava horas stalkeando perfis de meninas mais velhas para ver o que elas vestiam, como tiravam fotos, como eram seus cabelos e acessórios, e tentava copiar tudo aquilo com a esperança de ser valorizada como elas eram.

Foi nesse período também que comecei a alisar meu cabelo e que desenvolvi os primeiros distúrbios alimentares. Primeiro comecei a fazer dietas completamente loucas, que eu encontrava em um clique no Google e que tenho certeza que deveriam ser proibidas de estar no ar. "Como perder cinco quilos em uma semana" — e a dieta indicava que podia comer só um pedaço de fruta de manhã, salada com peito de frango no almoço, um ovo cozido de tarde e uma sopa à noite. Fiz isso por alguns dias e foi terrível.

A partir daquele momento, vivi quase oito anos com compulsão alimentar e distorção de imagem. Os primeiros dois anos dessa loucura vivi também sofrendo com a bulimia, porque a minha sensação era a de que, para ser aceita, tanto nas redes quanto na vida social, eu precisava ser magra a qualquer custo — se o custo era esse, ótimo.

A primeira vez que vomitei depois de comer, inclusive, foi no mesmo dia em que encontrei um site que estimulava comportamentos bulímicos e anoréxicos. O blog tinha um nome do tipo "Ana e Mia", e meninas dos 11 anos até a idade adulta se parabenizavam quando uma dizia que estava há mais de 24 horas sem comer, ou quando alguma delas tinha conseguido vomitar até sair sangue. Era tenebroso, mas na época fazia sentido, já que todas elas queriam a mesma coisa que eu: ser magras para serem aceitas.

Olhe o PERIGO do mundo digital para a saúde de uma menina, se usado sem supervisão. Foi por isso que eu escrevi um capítulo neste livro dedicado apenas aos pais, para que eles saibam como agir e não fiquem inertes diante dos riscos, mas ajam e formem adolescentes e jovens seguros que não passem por isso.

Vivi esse período horrível sozinha, pois ninguém sabia o que estava acontecendo, nem meus pais. Cheguei a um ponto em que vomitava tudo o que comia no dia, e comecei a estourar veias do rosto pela pressão do ato. Quase dois anos depois que isso começou, contei para minha mãe que sofria bullying na escola fazia mais de um ano e meio. Na hora em que estava vulnerável, parece que meu cérebro gritou por socorro e eu contei também da bulimia.

Foi um choque para ela. Acho que nunca vi minha mãe chorar tanto. Ela me abraçou, chorando, me perguntando por que eu nunca tinha falado nada, e eu só conseguia chorar junto. A culpa era tão grande que não tive

48 | O jovem digital

forças para falar mais nada. Então minha mãe passou a me supervisionar, e depois de toda refeição nós ficávamos juntas. Comecei a ir na academia com ela, a praticar esportes, até que dentro de alguns meses consegui finalmente superar a bulimia (eu ainda tinha episódios de recaída, mas foram espaçando até que não tive mais).

A bulimia estava controlada, mas a compulsão alimentar e a distorção de imagem não. Para você ter uma noção, a minha compulsão chegou a ficar tão forte que eu comia mais de cinco mil calorias em menos de uma hora, quando todos em casa estavam dormindo. Era horrível. Vivi com os dois transtornos até ter meu primeiro filho, com 20 anos. Ali parece que absolutamente tudo mudou. Não sei explicar exatamente o que aconteceu, mas minhas questões com meu corpo não eram mais o foco da minha vida: o foco era o Leo.

Na vida adulta, os sentimentos diminuíram, mas não deixaram de existir e abriram espaço para novos. O ano de 2022 foi o mais difícil da minha vida. Eu já tinha vinte e três anos, dois filhos pequenos, três empresas para administrar e fazer darem certo, casada, e fui arrebatada pela onda mais severa de desafios mentais que eu já tinha tido.

Foram quatro episódios de burnout em seis meses, o que é bem preocupante, já que o burnout não é apenas cansaço pelo excesso de trabalho, e sim um completo esgotamento físico e mental. Eu chorava do nada, tive episódios depressivos e, ao mesmo tempo, me sentia muito culpada por estar passando por aquilo, já que tenho filhos saudáveis, um marido que me ama, uma casa legal, resultados financeiros...

Sabe o que eu não tinha? Tempo. Tempo de qualidade com quem eu amava, tempo de descanso, de ócio, de lazer. Ou eu estava trabalhando (no celular ou no computador) ou estava pensando em trabalho. Acabei ficando viciada em internet e desaprendi a apreciar hobbies e o lazer off-line. Também parei de praticar esportes, e o tempo livre que sobrava eu ficava totalmente à disposição dos meus filhos, mas não era o bastante.

Além disso tudo, ainda existia agora o fator que me gerava a maior culpa de todas: não ser uma mãe presente como eu gostaria (por mais que tudo que eu fizesse fosse pelo futuro deles), não ser uma esposa tão dedicada, uma amiga presente ou uma filha carinhosa. A culpa me corroía junto com outros sentimentos negativos, e eu não sabia nem como conversar com alguém a respeito disso tudo.

Foi em 2022 que comecei a fazer terapia, e, a partir do segundo mês me tratando, comecei a entender a dimensão do problema em que eu estava inserida e comecei a mudar tudo. Eu tinha um medo muito real de ter um treco de estresse e nervoso antes dos 30 anos. Minha terapeuta me disse que, se eu continuasse assim, as consequências seriam mais difíceis de lidar do que as questões que eu estava encarando no momento. Eu entendi o que ela quis dizer: não ia melhorar se eu não mudasse radicalmente minha dedicação a minha saúde mental, minhas prioridades e meu estilo de vida.

A primeira mudança que fiz foi usar o celular apenas para questões essenciais de trabalho, ou seja, não utilizar a internet ou as redes sociais para o lazer. Decidi que meu lazer seria apenas no off-line. Ficar com meus filhos, passear, ver amigos, escrever, pintar, assistir um filme em família — nada de rede social. Não estou brincando: em menos de uma semana, apenas esse novo hábito fez minha vida mudar da água para o vinho. Eu era outra pessoa e me sentia como uma nova mulher: menos estressada, mais calma, mais feliz, menos ansiosa. É impressionante o quanto o uso das redes sociais e do mundo digital pode acabar conosco. Esse é um alerta que PRECISA ser feito o quanto antes.

Adie esse presente

Muitas vezes os jovens são aqueles que mais apresentam sentimentos e emoções negativos, principalmente nos dias de hoje, e nós nunca paramos para nos perguntar o motivo disso. Vi um vídeo em alguma rede social de uma mãe relatando como salvou sua filha de uma tragédia. O vídeo começava mostrando a menina com uns 8 anos, falando que ela sempre foi muito brincalhona, muito alegre, uma criança criativa, expansiva, e que com 12 anos a garota ganhou um celular de presente, algo que ela pedia fazia tempo, porque todas as amigas da escola tinham, menos ela.

50 | O jovem digital

No vídeo, a mãe fala que a partir desse momento sua filha mudou. Ela não demonstrava mais sua criatividade, parou de falar com os pais, só queria ficar no quarto, apresentava um semblante mais triste, começou a ficar mais agressiva. Então, quando ela já estava visivelmente mais magra, a mãe percebeu que a saúde mental e física da filha estava realmente comprometida. A menina estava anoréxica em decorrência de uma incessante busca para se encaixar nos padrões físicos que via nas redes sociais. Ela chegou a pesar 37 quilos e foi internada com anorexia nervosa, correndo risco de vida.

Nesse momento, a mãe compreendeu que seu apoio não seria suficiente para ajudar. Agora, ela sabia algo que não fazia ideia antes: precisava tirar o celular da garota e estar mais atenta e firme na decisão de recuperar a filha, que estava se perdendo em si mesma.

No fim, a menina conseguiu melhorar da doença e aparece ao lado da mãe durante o relato, contando como as duas voltaram à vida juntas. Tudo isso começou com um presente — um celular para uma criança de 12 anos.

A própria Glennon Doyle, em seu livro *Indomável*, conta que viu algo parecido acontecer com o filho quando ele ganhou um celular. Ela escreveu que parou de reconhecer o garoto, que ele parecia outra pessoa: mais triste, menos criativo, ansioso, sem brilho. Doyle então conta que tirou o celular dele e depois o filho a agradeceu por isso, porque conseguiu voltar a ser ele mesmo.

Não estou falando que seu filho não pode ter um celular, mas que é importante saber os riscos, ensinar o uso correto, colocar limites no tempo de uso e supervisionar o que a criança ou adolescente está fazendo e assistindo nele. Talvez ele fique bravo com você no começo, mas nada deve ser mais importante do que proteger nossos filhos e ajudá-los quando temos o conhecimento e a maturidade necessária para saber o que é melhor para eles.

O acesso ilimitado e desequilibrado ao mundo digital criou uma leva de pessoas ansiosas, depressivas, com vazio existencial, crises de personalidade, dominadas pelo ego, inseguras, se comparando com tudo e todos, lidando com a distorção de imagem e a sensação de nunca fazerem o bastante ou serem suficientes, e nós precisamos falar sobre isso. Não temos conversas em rodas de amigos sobre o assunto, os próprios jovens não conversam sobre isso com um olhar crítico, os mais velhos ignoram ou apenas reclamam, e continuamos vendo as estatísticas subindo: taxas de suicídio, depressão, ansiedade, distúrbios alimentares.

Quando vamos abrir os olhos para entender verdadeiramente a importância dessa pauta na sociedade de hoje? Para entender que temos o dever, como cidadãos, de questionar, encontrar soluções e aplicar medidas firmes para melhorar a saúde dos atuais e futuros jovens digitais?

Nós PRECISAMOS de *você*. Precisamos que você se informe sobre o mundo digital, que você estude sobre nosso desenvolvimento e nos ajude a fazer o que é o melhor. Não estou falando de proibir, mas oferecer um direcionamento seguro e consciente dessas mídias digitais.

Corpo e saúde

O que falei até agora diz respeito principalmente à saúde mental, mas vamos dar atenção para a saúde física também. Dificilmente na vida as coisas são totalmente ruins ou totalmente boas. O bom e o ruim coexistem, e cabe a nós aprender com o que é ruim e saber aproveitar aquilo que é bom. Não estou aqui para demonizar a internet, até porque AMO ser uma jovem digital e acredito fortemente que nossa sociedade é infinitamente melhor por causa dela. Contudo, é impossível negar seus malefícios, e a finalidade aqui é falar sobre eles de forma objetiva, para entendermos a melhor maneira de lidar com cada um deles.

Quando estava me preparando para escrever esta parte sobre saúde física, comecei a perceber em mim e em pessoas próximas quais eram os problemas físicos visivelmente causados ou intensificados por causa do mundo digital. Eu tenho alguns deles e notei realmente uma melhora gritante quando aprendi a limitar meu uso digital, a usar os dispositivos com inteligência e não de modo descontrolado e sem objetivos bem definidos.

Mas eu não queria falar só da minha experiência, porque não é esse o ponto do livro; minha intenção é dar um panorama geral, então passei algumas boas noites em claro pesquisando, lendo estudos sobre o tema para trazer uma visão mais ampla dele.

52 | *O jovem digital*

Vamos começar com o sedentarismo e o aumento de risco de obesidade nos jovens e sua correlação com o uso digital. Tanto um estudo publicado na revista *JAMA Pediatrics*[7] em 2019 como uma pesquisa realizada pela American Heart Association [Associação Americana do Coração, em tradução livre][8] em 2018 descobriram que o tempo gasto em atividades sedentárias relacionadas à mídia digital (como assistir TV, jogar videogame e usar o computador ou dispositivos móveis) estava associado a um maior risco de obesidade em crianças e adolescentes. Os estudos concluíram que reduzir o tempo de tela e promover atividades físicas é crucial para prevenir e tratar a obesidade nessa faixa etária.

Além disso, o estudo da American Heart Association encontrou uma relação dose-resposta entre as telas e o risco de obesidade, ou seja, quanto maior o tempo de tela, maior o risco de obesidade. Se pararmos um pouquinho para pensar, faz sentido. A juventude, que antes corria na rua e brincava de atividades físicas durante horas todos os dias, porque essa era sua única forma de lazer, está agora confinada em seus quartos jogando on-line, se divertindo nas redes sociais, maratonando filmes e séries por horas seguidas. Nenhuma dessas atividades requer esforço físico: mental talvez, mas físico não.

Já sabemos que o exercício físico é essencial para a saúde mental, cardiovascular, metabólica, para o bem-estar, o controle da glicemia, a melhora da função cognitiva, da qualidade do sono e para o transporte de oxigênio nas células, então é esperado que a falta dele piore tudo isso.

Inclusive, há estudos — ainda que poucos, até então — que relacionam o tempo de exposição à tela com fatores de risco cardiovascular, em adolescentes, como um estudo publicado no *Journal of General Internal Medicine,*[9] em 2023, que apresentou resultados que indicam que o maior tempo de exposição à tela está associado a um maior risco de pressão arterial elevada e a um índice de massa corporal (IMC) mais alto em adolescentes. Adolescentes!

Outro ponto de extrema atenção são os problemas oculares. Estar conectado exige que nós, jovens, estejamos na frente de uma tela, na maioria das vezes com o brilho no máximo, sem dar descanso aos olhos a cada vinte minutos, como sugerem os oftalmologistas, e expostos à luz azul durante horas a fio, e nossa visão sente o impacto disso mesmo cedo. No estudo publicado no *Lancet Digital Health*,[10] em 2019, os resultados indicaram que o tempo gasto em atividades de perto, como ler em telas e usar o smartphone, estava associado a 30% de aumento no risco de desenvolvimento de miopia em jovens, e quando combinado com o uso excessivo de computador, o risco aumentava ainda mais, chegando perto de 80%.

Já um estudo publicado no *Ophthalmology and Theraphy*,[11] em 2022, mostrou que o uso prolongado de dispositivos eletrônicos estava associado a um maior risco de apresentar sintomas como olhos secos, vermelhidão ocular, visão embaçada e dores de cabeça relacionadas ao uso de telas.

Uma coisa que acontecia comigo no tempo em que eu ficava on-line por cerca de oito horas por dia, era que a partir das 6 horas da tarde eu não conseguia mais me manter focada. Minha visão ficava embaçada que nem quando fazemos aquele exame de dilatar a pupila, sabe? E eu nem ligava, só falava para meu marido: amor, a visão pifou; vou ver se volta em uns 15 minutos, senão eu continuo amanhã cedo. Fiquei assim por meses, e, quando chegou a um ponto em que eu minha visão comprometida logo de manhã, fui em uma oftalmologista e, além de astigmatismo, eu estava com mais de três graus de hipermetropia nos dois olhos, além de apresentar vista cansada.

Antes de começar a usar óculos, diminuí esse tempo na frente das telas e já melhorou um pouco, acredita? O sonho de infância de muita gente era usar óculos e quebrar o braço para os amigos assinarem na escola. (Se não era o seu, saiba que você é uma exceção.) Pois bem, agora esse sonho de infância será realizado em massa, já que em breve estaremos todos com a visão cagada. Uhu! (Leia o grito com ironia.)

Eu nem falei ainda de um dos maiores problemas de saúde física, que é a postura. Olhe com atenção para um jovem digital e note como é a postura dele. Não quando ele está posando para fotos ou vídeos, e sim quando está relaxado, em pé, sentado ou deitado mexendo no celular ou no computador. Uma vez eu me assustei comigo mesma, porque estava em uma posição 100% desconfortável, esquisita, toda torta, e fiquei assim por mais de uma hora estudando no computador. Meu marido passou na sala e tirou uma foto

54 | *O jovem digital*

para rir da minha cara e me zoar na internet. Só posso dizer uma coisa sobre a foto e a minha postura naquele momento: credo. Minha coluna devia estar pedindo socorro, gritando com todos os meus divertidamente e falando "NINGUÉM VAI FAZER NADA???? EU NÃO AGUENTO MAIS!".

Voltando ao assunto, normalmente nossas costas, as dos belíssimos jovens tortos, são curvadas, pescoço para baixo, ombros para dentro e algum tipo de anomalia no quadril. Isso não é evolução da espécie, é só consequência do nosso *lifestyle*. (Estou tentando descontrair um pouco, porque a seguir trarei mais pesquisa.) Existem vários estudos sobre postura, jovens e o uso das ferramentas digitais, mas escolhi só dois para não ficar chato.

O primeiro estudo foi publicado no *Journal of Physical Therapy Science*,[12] em 2016, e os resultados mostram que o uso frequente e prolongado de smartphones está associado a alterações posturais, como a cabeça inclinada para a frente (postura de "pescoço de texto") e os ombros arredondados. Essas posturas podem levar a dores no pescoço e nas costas, além de problemas musculoesqueléticos no longo prazo. Outro estudo, publicado no *European Spine Journal*,[13] em 2018, indica que o tempo prolongado de uso de dispositivos eletrônicos está relacionado a um maior risco de posturas inadequadas, como a lordose lombar aumentada (hiperlordose) e a inclinação anterior da pelve. Ou seja, sedentários, cegos e tortos: ALGUÉM FAZ ALGUMA COISA!

Cuide do seu sono

Antes de falar de como o mundo digital vem melhorando a saúde em nível global, para efeitos dramáticos, deixei o pior para o final. Sim, vamos falar do sono. Os dispositivos que utilizamos para acessar o mundo on-line, ou seja, celular, TV, computador, tablet etc., emitem luz azul, e a exposição a essa luz prejudica e diminui a produção de melatonina, que é um hormônio produzido pela glândula pineal do cérebro, que tem como principal função regular o ciclo circadiano, ou seja, estimular o sono. A melatonina também promove o bom funcionamento do organismo e atua como antioxidante.

É uma coisa linda. Pena que nós, jovens digitais, não produzimos tanta melatonina quanto deveríamos. Por isso você vê tantos jovens falando "Ai, eu fico acordado até as 4 horas da manhã e nem sinto sono". *Tcharam*, agora você descobriu o porquê. O problema é que a privação do sono acaba com a gente. Quem já assistiu *Clube da luta* sabe do que eu estou falando. A privação de sono é um dos elementos centrais da trama, e se você assistiu ao filme já sabe a merda que deu.

Para ser mais direta, a privação de sono gera inúmeros problemas, sendo o primeiro deles o enfraquecimento do sistema imunológico, nos tornando mais suscetíveis a doenças e infecções. Também aumenta o risco de doenças crônicas — como as cardiovasculares, diabetes tipo 2, obesidade e certos tipos de câncer —, aumenta o risco de acidentes — de trânsito, no trabalho ou qualquer incidente que possa ser causado por não estarmos alertas.

A falta de sono contribui ainda para problemas metabólicos, causando desequilíbrios hormonais que podem levar ao ganho de peso e a dificuldades na perda de peso, aumento do risco de problemas de saúde mental, como depressão, ansiedade, transtornos de humor (percebe como tudo se relaciona?), além de deterioração do estado de alerta mental, prejudicando a capacidade de raciocínio, a tomada de decisões, dificultando a concentração, causando problemas de memória, aprendizado, desempenho cognitivo em geral e outras atividades que exigem o uso do cérebro (ou seja, todas!).

Quer isso para você, jovem? Não? Então precisamos encontrar um equilíbrio, para nosso próprio bem. Eu já estou bem acabada e reclamando de dores nas costas como meu pai. Se isso piorar, como vou estar daqui a dez anos? Estou falando de mim, mas pensa se isso não se encaixa na sua vida também...

Brincadeiras à parte, esse assunto precisa ser falado, escrito, lido e discutido, e mães, pais, mentores, avós também precisam refletir sobre como vão ajudar pessoas mais novas ao seu redor, além de nós, os próprios jovens, tomarmos as rédeas da nossa vida. Usar óculos não é essa maravilha toda, eu garanto!

Adoro que falo que não estou aqui para demonizar o mundo digital e em seguida listo setecentos problemas que ele causa na nossa vida, deixando o B.O. para você, mas, acredite, essa realmente não é a minha intenção. Minha

56 | O jovem digital

intenção ao escrever este livro nunca foi assustar ninguém, e sim informar, alertar e ajudar essa geração tão incrível que é a nossa, a dos jovens digitais. Não quero ver a gente com problemas desnecessários de coluna, com a visão embaçada, o metabolismo cagado, doenças que não teríamos e outras dificuldades que poderíamos evitar.

Afaste as crianças da pornografia

Outro ponto que merece atenção quando falamos de saúde é a relação doentia que os jovens podem acabar desenvolvendo com a pornografia. O objetivo é alertar brevemente sobre as possíveis consequências extremas que esse vício pode causar, porque esse tema é de extrema seriedade e, por ser um tabu, pouca gente tem coragem de dar a cara a tapa e discutir sobre esse assunto tão abertamente.

Ted Bundy, um dos serial killers mais conhecidos do mundo, tendo confessado estuprar, mutilar e matar trinta mulheres, deu uma entrevista um dia antes da sua execução — depois de ter sido condenado à morte —, e, das várias coisas que falou nessa entrevista, uma que chamou a atenção do público foi sua declaração quanto à pornografia. Bundy admitiu que teve acesso ao universo da pornografia desde novo, e que o vício que desenvolveu também o influenciou em seus crimes. Ele disse, ainda, que no período em que esteve preso conheceu vários outros homens que cometeram crimes hediondos como os dele, e, sem exceção, todos estavam profundamente conectados e influenciados pelo vício em pornografia.

Crianças estão sendo expostas à pornografia desde muito novas, e só o que precisam fazer é apagar o histórico do celular e os pais não descobrirão nada. Há uma pesquisa muito interessante sobre esse assunto, publicada pela Australian Institute of Family Studies,[14] em 2017, e algumas de suas principais descobertas foram as seguintes:

1. Comportamentos e práticas sexuais:

    a. Pornografia pode aumentar a probabilidade de uma primeira experiência sexual precoce, especialmente para os adolescentes que consomem pornografia com maior frequência.

b. A pornografia está associada a práticas sexuais inseguras, como não usar preservativos e sexo anal e vaginal não seguro.

c. Os próprios jovens afirmam que a pornografia está moldando suas práticas sexuais.

2. Atitudes, crenças e expectativas sobre gênero:

a. O uso de pornografia por adolescentes está associado a crenças mais fortes em estereótipos de gênero, especialmente em relação ao sexo. Essa associação é mais forte entre os homens.

b. Adolescentes do sexo masculino que assistem pornografia com frequência têm mais probabilidade de:

    i. Ter atitudes sexistas e visões sobre as mulheres, como a ideia de que elas "provocam os homens";

    ii. Ver as mulheres como objetos sexuais.

3. Agressão sexual:

a. Fortalecimento de atitudes que apoiam a violência sexual e a violência contra mulheres.

b. Associação entre o consumo de pornografia e a perpetração de assédio sexual por adolescentes do sexo masculino e coerção sexual por homens universitários.

c. Adolescentes que consumiram pornografia violenta, em acompanhamento, apresentaram seis vezes mais chances de terem sido sexualmente agressivos em comparação com aqueles que assistiram pornografia não violenta ou não assistiram pornografia.

d. Há uma variedade de fatores de risco interligados que aumentam a probabilidade de que os homens que consomem pornografia perpetuem agressão sexual ou tenham uma predisposição para tal.

O nível de prazer ou excitação que pessoas viciadas em pornografia atingem com esse tipo de conteúdo passa a ser cada vez menor. Assim, com

58 | *O jovem digital*

o tempo, coisas mais "leves", como ver a imagem de uma mulher nua, param de ser suficientes; a pessoa viciada precisa de estímulos cada vez mais fortes e passa a consumir representações mais violentas e explícitas de relações sexuais.

Ou seja, o vício em pornografia, gera compulsão e causa mudanças profundas no cérebro da pessoa viciada. Ela passa a não conseguir ter uma relação saudável, não consegue ser ativa sexualmente a menos que esteja exposta a algum estímulo visual e pode, sim, ser motivada a cometer crimes horríveis simplesmente pelo fato de ter normalizado eles.

É preciso ter coragem para falar sobre isso, porque é um risco gigante para a sociedade. Um exemplo é que, na pornografia, existem muitos casos de infantilização da mulher, e isso pode progredir a situações extremas, como uma pessoa se sentir excitada por ver um pedófilo com uma criança. É assustador e repulsivo, e é exatamente por esse motivo que precisamos falar sobre. Pais precisam criar diálogos sem julgamentos com seus filhos, porque isso é essencial para a formação de um indivíduo íntegro e seguro; conversar sobre educação sexual também, para que seu filho e sua filha não corram riscos, nem no mundo físico, nem no mundo digital.

A educação sexual não é necessariamente falar sobre o ato sexual, mas educar seu filho ou filha sobre suas partes íntimas, o funcionamento delas, indicar o que pessoas podem ou não fazer (por exemplo, tocar em certas partes do corpo como o ombro e dar abraços poderiam ser aceitos, mas no bumbum ou outras partes íntimas, não), explicar que a criança ou adolescente deve permitir apenas aquilo que ela mesma se sente confortável, e que não há uma regra do que ela deveria permitir, o próprio abraço pode deixá-la desconfortável e ela tem todo o direito de não querer esse tipo de contato físico.

Essas conversas devem acompanhar o nível de entendimento da faixa etária em que a criança se encontra. Uma criança de 2 anos, por exemplo, pode aprender quais são as partes do corpo de cada pessoa e a função de cada uma. Uma criança de 5 anos pode demonstrar curiosidade sobre de onde os bebês vêm, e uma abordagem interessante é primeiro perguntar o que ela acha, e explicar que os bebês são feitos dentro do útero da mulher, que é uma parte do corpo que fica dentro da barriga, e eles vem do esperma, que é como uma minhoquinha que é produzida em uma parte do corpo dentro do homem. O importante é entender o nível de compreensão de cada fase e conversar sobre o assunto sem tabus ou mentiras, mas respeitar o que seu filho ou filha compreende e tem dúvidas naquele momento. Na fase da puberdade, talvez o pré-adolescente comece a ter questionamentos mais complexos, e a melhor coisa é que você demonstre que tem disponibilidade para conversar sobre qualquer uma dessas questões, que você está disposto a explicar e ajudá-lo a compreendê-las melhor. Se minha filha tiver questionamentos sobre sexualidade, o ato sexual ou qualquer doença relacionada a isso, como candidíase, por exemplo, eu quero mais do que tudo que ela me procure para ajudá-la, em vez de sentir que precisa esconder isso de mim. É a partir desse tipo de diálogo respeitoso e aberto que os filhos criam confiança para recorrer aos pais, se informarem e protegerem da melhor forma.

O lado bom do mundo digital

Hora de falar de coisa boa antes de partirmos para o próximo capítulo. O mundo digital oferece ferramentas que transformaram a saúde como nada antes. O acesso à informação é uma delas. A internet e os recursos digitais permitem acesso rápido e fácil a informações sobre saúde, permitindo que as pessoas pesquisem sobre condições médicas, tratamentos, medicamentos e práticas saudáveis. Isso capacita os indivíduos a se tornarem mais informados sobre o próprio bem-estar e a tomar decisões mais conscientes. Muitas vezes a falta de informação é o maior obstáculo para sermos mais saudáveis. (Isso não significa que você deve pegar o resultado do seu exame e jogar no Google. Espere pelo seu médico, senão você só vai se desesperar e achar que vai morrer amanhã.)

Outro benefício do avanço da tecnologia digital é a telemedicina, que envolve o uso de comunicações eletrônicas para oferecer serviços de saúde remotos. Isso é maravilhoso porque possibilita que pacientes tenham acesso a cuidados médicos sem a necessidade de deslocamento físico, o que é especialmente benéfico para pessoas que vivem em áreas remotas ou com

60 | *O jovem digital*

dificuldade de locomoção. A telemedicina também tem sido útil durante pandemias como a da covid-19, permitindo consultas médicas virtuais e o monitoramento da saúde a distância.

Desculpe, mas é impossível não mencionar que a inteligência artificial vem sendo uma grande aliada quando se trata de saúde. A IA pode ajudar na detecção precoce e no diagnóstico preciso de várias doenças; isso porque seus algoritmos podem analisar grandes quantidades de dados, como imagens médicas, exames de laboratório e históricos médicos, para identificar padrões e sinais de doenças. Isso permite a detecção mais rápida e precisa de milhares de condições médicas. A detecção precoce aumenta as chances de tratamento eficaz e de melhores resultados para os pacientes.

Outro ponto muito legal é que a IA pode ajudar a personalizar os tratamentos médicos com base nas características individuais dos pacientes. Os algoritmos analisam dados genéticos, históricos médicos, registros de saúde e outros fatores para fornecer recomendações personalizadas de tratamento. Isso leva a uma abordagem mais precisa e satisfatória para o cuidado da saúde, adaptando os tratamentos às necessidades específicas de cada paciente. Além disso, como os algoritmos de aprendizado de máquina podem analisar grandes volumes de dados, como por exemplo, dados genômicos, estudos clínicos e literatura médica, a IA tem sido usada para acelerar a pesquisa médica e a descoberta de medicamentos. Isso tudo tem melhorado e eu nem falei do avanço em próteses, implantes, cirurgias e da facilitação no aprendizado nas faculdades de medicina utilizando realidade virtual.

Como eu tenho um pé atrás com toda essa tecnologia mirabolante, acho muito importante destacar que, se formos falar de implementação de IA em qualquer área, especialmente na saúde, precisamos reiterar que essa implementação precisa ser responsável, requer considerações éticas, privacidade de dados e garantia de que a tecnologia seja utilizada como uma ferramenta complementar à expertise médica, não substituindo a interação humana.

* * *

Acho que já deu deste capítulo, né? Deu para entender? O negócio é entender os pontos negativos e buscar ser criterioso; limitar o uso das telas, especialmente duas horas antes de dormir; e procurar ter uma rotina mais equilibrada em relação a trabalho, descanso, atividades físicas, sono, alimentação e vida social. Eu acredito que conseguiremos, juntos, usar as ferramentas digitais para criar um futuro melhor para todos, e que não somos e nem seremos prisioneiros delas.

Capítulo 4:

RELACIONAMENTOS

Quando fiz uma lista dos capítulos que este livro teria, pensei com cuidado em cada um deles, para tentar não deixar de fora nada que fosse essencial para compreender o jovem digital. Dito isso, do meu ponto de vista, este capítulo é um dos mais importantes, porque diz respeito à maneira como o jovem se relaciona em todas as áreas da sua vida, tanto romanticamente quanto com amigos, familiares, estranhos, ídolos e colaboradores. Não nos relacionamos como a geração anterior e isso causa conflitos enormes, simplesmente pela falta de compreensão.

Pode parecer absurdo para alguém de outra geração ouvir sobre dois jovens que se conheceram por meio da internet, começaram a namorar e terminaram esse relacionamento sem nunca terem se visto antes, mas, por mais que tal comportamento seja ruim do ponto de vista biológico, psicológico e sociológico, não é anormal nos dias de hoje. Uma relação virtual não é uma ilusão para o jovem, é tão concreta quanto qualquer outra. O amigo do game virtual pode ser tão amigo quanto o da escola, que você vê todos os dias, assim como o crush em quem você acompanha apenas pelas redes sociais é tão forte quanto o naquela pessoa com quem você convive.

O mundo digital mudou a forma como nos relacionamos, e isso, mais uma vez, traz tanto pontos negativos como positivos.

Os vínculos no mundo digital

Quando falamos de casais que se formaram através da internet, ainda há pessoas das gerações anteriores que fazem cara feia, seja porque acham perigoso ou porque acham que um relacionamento assim não pode ser real, já que, geralmente, essas pessoas só tiveram experiências românticas na vida off-line — em grupos específicos, na escola, nos bairros onde moraram, com conhecidos de parentes ou de amigos etc.

Apesar da resistência que parte das gerações anteriores oferecem, por definição, segundo o Oxford Languages, uma relação é a "vinculação de alguma ordem entre pessoas, fatos ou coisas; ligação, conexão, vínculo". Em momento algum é dito que a ligação entre dois indivíduos só é considerada uma relação se há o contato físico, até porque muitas vezes estabelecemos conexão emocional com a pessoa que nos desperta interessa muito antes do contato físico. Uma relação envolve troca, comunicação e influência mútua entre as duas partes, e pode ser baseada em diferentes elementos, como afeto, confiança, compromisso, cooperação, respeito, reciprocidade, interesse mútuo (considerando uma relação saudável, pelo menos). Ou seja, um relacionamento, ainda que virtual, existe a partir desses elementos, não do meio pelo qual acontece. Dessa forma, o digital funciona, na verdade, como um mediador para se relacionar com o outro de maneira mais flexível e instantânea, esteja esse outro onde estiver.

O problema é que muitos não entendem que uma coisa não substitui a outra. Uma relação virtual realmente não tem mesmo como ser igual ou próxima do que é uma relação física. Se relacionar com alguém através de uma tela não exige que você precise lidar com todas as emoções imediatas que um encontro físico envolve — o contato visual, o toque, a vergonha, a espontaneidade, a comunicação verbal. Estar cara a cara com alguém é difícil, e é por isso que é também tão maravilhoso. Os jovens de hoje têm menos traquejo social do que as outras gerações, não sabem lidar com o conflito, a rejeição, o silêncio, o tédio, a espera — e isso não é algo inerente a ninguém, mas não desenvolvemos muito a sociabilidade necessária para o mundo real, porque o foco maior está voltado para a vida digital.

64 | O jovem digital

O lado nocivo dessa flexibilidade que o digital proporciona às interações românticas não tem a ver com o fato de pessoas com diferentes orientações sexuais e dinâmicas de relacionamento terem mais espaço para serem como são (o que eu vejo como algo muito positivo), mas sim com o risco de as relações se tornarem, na verdade, superficiais. Sabe aquelas relações nas quais você sabe o filme que a pessoa gosta e a playlist favorita dela, mas não faz ideia do que a aflige, daquilo que a deixa acordada à noite ou dos seus sonhos e aspirações? Aquela relação que aparenta ser incrível, mas que é sustentada em gravetos de madeira e não em uma fundação de aço? O que acontece é que, no momento em que as coisas ficam difíceis, é mais fácil pular fora e partir para uma próxima.

Se aproveitássemos a flexibilidade para expandir nossos horizontes e nos tornarmos pessoas mais experientes, ela seria totalmente benéfica, mas o que acontece, na realidade, é que a utilizamos como desculpa para sustentar a superficialidade.

Quando conversei com minha irmã sobre esse tema, para saber a opinião dela, ela me disse que a sensação era a de que as pessoas da faixa etária dela tinham medo de comprometimento, medo de assumir uma relação e perder tudo aquilo que poderiam ter caso não tivessem fechado as portas. No campo dos relacionamentos amorosos, o que ela percebe é que os jovens da idade dela gostam de falar que estão "ficando" com alguém, mas, quando perguntam se estão namorando, a resposta prontamente é "Não, a gente só tá ficando". Segundo a minha irmã, esse casal faz tudo o que namorados fariam, menos assumir o compromisso.

Isso pode estar relacionado à pouca idade? Com certeza. Mas não podemos excluir o fato de que o mundo digital cria um sentimento de ter tantas opções que escolher somente uma faz parecer que se perde mais do que se ganha. Tanto que, por mais que este seja um relato dela, observo que essa dinâmica tem sido cada vez mais comum entre os jovens de 20 a 30 anos.

Quando as opções são muitas, desistimos de escolher

Existe um conceito muito interessante que pode servir para traçar um paralelo com esse tema: o Paradoxo da Escolha. Esse termo foi criado pelo psicólogo Barry Schwartz e existe um estudo interessante que o exemplifica, chamado de "O estudo das geleias", realizado por Sheena Iyengar e Mark Lepper. O objetivo era entender como a quantidade de opções disponíveis de determinado produto afeta diretamente a escolha dos consumidores e consequentemente as vendas desse item (mas faremos uma correlação com a escolha de pessoas para nos relacionarmos, ok?).

O experimento foi realizado dentro de um supermercado, em duas etapas. Na primeira etapa, ofereceram 24 tipos diferentes de geleias para que os clientes pudessem experimentar antes de comprar. Na segunda, disponibilizaram seis tipos. No primeiro caso, 60% das pessoas pararam para experimentar, e, no segundo, 40%. Ou seja: mais opções despertaram mais interesse a princípio. Mas apenas 3% compraram quando tiveram acesso a 24 opções, enquanto no experimento com seis opções 30% compraram.

O paradoxo da escolha fala sobre isso. Schwartz afirma que, quanto mais opções, mais ansiedade para a tomada de decisão. Isso explica as pessoas que desistiram de comprar a geleia quando tinham muitas opções, já que a escolha pressupõe um sofrimento antecipado na expectativa de garantir a melhor opção e uma grande frustração quando acreditamos que tomamos uma decisão errada.

O prazer também é menor quando escolhemos uma opção dentre muitas, em comparação com quando tomamos uma decisão dentre poucas alternativas. Ou seja, inicialmente, ter uma variedade de opções parece ser muito melhor, mas, paradoxalmente, para nosso cérebro isso não é verdade.

Esse experimento explica bem a mesma relação entre variedade e a dificuldade de escolha no mundo digital, que acarreta falta de compromisso, mais ansiedade e a superficialidade das relações. Porque, nessa lógica, um relacionamento superficial, permite navegar com mais facilidade entre as opções, em vez de enfrentar a ansiedade de ter que escolher uma opção que depois pode se tornar uma frustração.

Sempre fui muito desapegada, mas, se eu gostava de alguém, gostava dessa pessoa e pronto; sempre estava com uma pessoa só, por mais que não fosse um namoro sério, porque, na minha cabeça, se gosto de estar com alguém, não faz sentido não explorar essa relação e querer estar mais tempo com ela. Mesmo sendo assim, não conseguia ficar muito tempo naquela dinâmica, porque chegava um momento em que eu me cansava daquilo e buscava algo novo. Por mais que tivesse a ilusão de profundidade no relacionamento, ele ainda era relativamente superficial.

Não temos como simplesmente excluir todas as opções que existem no contexto do mundo digital; isso está fora do nosso controle, mas sabe o que não está? Escolher se aprofundar nas relações, sejam elas amorosas ou não. Conversar sobre medos, anseios, sonhos, futuro, em vez de só fofocar e conversar sobre amenidades. Quebre a barreira e ouse não ser superficial. É mais difícil, mas prometo que a recompensa disso para sua evolução e para diminuir o sentimento de ansiedade e frustração é infinitamente maior.

Aprofundar-se é melhor

Relacionamentos dão trabalho, independentemente da natureza deles. Um relacionamento romântico dá trabalho, e é por isso que a maioria dos casais se divorcia, ou a maioria dos namoros acaba antes de virar algo mais sério. Não adianta, dá trabalho. Ser vulnerável é desafiador, gerenciar as próprias emoções também, assim como ter conversas difíceis, respeitar o tempo e o sentimento alheio, falar aquilo que precisa sem criticar o outro, confessar que pensa algo fora da expectativa do outro, ouvir que a outra pessoa também pensa algo fora do que você espera, passar pelos vales e aceitar mudanças.

Estou com meu marido desde meus 18 anos, e nós determinamos três regras para ficarmos juntos de acordo com a nossa expectativa. Essas regras são pessoais, não universais, mas têm nos ajudado ao longo de todos esses anos juntos. A primeira é que o divórcio não é uma opção, não é algo que está na mesa e que podemos escolher. Acreditamos que, a partir do momento em que a separação vira uma opção, as atitudes dos dois se voltarão para isso em vez de se voltarem para a reconciliação, que exige mais trabalho. Podemos ficar tristes um com o outro, discutir, mas sempre vamos resolver o problema pensando na reconciliação.

A segunda regra é que não podemos esquecer do amor que sentimos um pelo outro, nem nos momentos de raiva; se precisarmos de um minuto para nos acalmarmos e nos lembrarmos disso, então é o que faremos. Se precisarmos parar a briga para falar "eu te amo" e lembrar-nos disso, o faremos.

A última regra é que a comunicação é a base da nossa relação. Vamos ter as conversas difíceis, vamos lembrar do nosso amor e nos reconciliar. Essa comunicação também não tem a ver com nossas expectativas, e sim com nossos sentimentos e com o que acreditamos que o outro pode fazer para nos ajudar a tornar as coisas melhores.

Ou seja, se não estou me sentindo bem comigo mesma e ele não está me dando atenção, em vez de brigar toda hora para tentar chamar a atenção dele, eu falo: "Amor, estou carente de você, não estou me sentindo bem comigo e sua atenção faria eu me sentir melhor." Quando você vira essa chave na comunicação dentro do seu relacionamento, tudo muda.

Mas voltando ao que estávamos falando: relacionamentos dão trabalho. Parece fácil lendo aqui, mas no dia a dia é que você vê quão difícil é praticar isso até que se torne um hábito. Quão difícil é ter que manter a calma quando está chateado para resolver uma situação em vez de gritar, brigar e fugir.

Para termos relacionamentos bons, duradouros, profundos e enriquecedores, precisamos voltar nossa atenção primeiro para NÓS MESMOS. Investir muito tempo no aprimoramento da nossa personalidade e das nossas forças internas. Não dá para ser a pessoa que quer um relacionamento assim, e ser também a pessoa que gasta mais tempo arrumando o perfil do aplicativo de namoro do que aprimorando a si mesmo. É impossível ter um envolvimento íntimo sem o esforço e os sacrifícios que ele exige para existir.

Lembra da definição de "relação" que dei no início do capítulo? Então, uma relação pressupõe pelo menos duas partes, e precisamos entender que, se estamos em um relacionamento, somos uma dessas partes — ou seja, se formos pessoas superficiais, reativas e impulsivas, inevitavelmente nossas relações vão refletir isso.

Estar perto mesmo longe

Estar com alguém fisicamente e não se conectar a nível emocional com essa pessoa é outro problema que pode ser fortalecido pelas ferramentas

68 | O jovem digital

digitais. Casais, amigos, familiares que sentam à mesa para comer e cada um fica no seu celular. Pais e filhos que vivem na mesma casa e quase não conversam, porque um está trabalhando ou fazendo as próprias atividades e o outro jogando, nas redes sociais, assistindo TV ou fazendo qualquer outra coisa. Os dispositivos individuais nos afastaram de quem está perto e nos aproximaram de quem está longe, então ficamos na média com os dois tipos de relação. Nem tão distantes dos que estão longe, nem tão próximos dos que estão perto.

Sabendo disso, é interessante que todos — de todas as gerações — considerem duas coisas: a primeira é que precisamos ter regras; o problema não está nas ferramentas digitais, e sim no seu uso ilimitado e desmedido. Se você tirar o celular de perto enquanto cumpre alguma tarefa que precise terminar, vai se surpreender com o quanto seu foco vai melhorar depois de um tempo. A segunda é que, assim como tudo na vida, precisamos estudar sobre assuntos que são importantes para nós, e para o mundo digital não deveria ser diferente. A única forma de lidarmos melhor com a tecnologia e fazermos um bom uso dela na nossa vida, é estudando sobre o que está acontecendo, quais são os riscos e como evitá-los e quais são as oportunidades e como aproveitá-las.

Algumas regras para diminuir o tempo de uso do celular e aprofundar as relações podem ser: não dormir com o celular ao lado da cama, deixando-o em um lugar longe, para evitar dormir e acordar olhando para uma tela; não usar um aparelho digital durante as refeições e estipular um máximo de tempo de uso por dia. Além das regras, é interessante compartilhar momentos com as pessoas que estão ao seu redor: assistir filmes com a família ou os amigos, uma noite de jogos, esportes coletivos... Quanto mais atividades fizermos em grupo, sem o celular, mais fortaleceremos nossos vínculos sociais e — não sei se você sabe — as pessoas que têm amigos próximos correm menos risco de ter problemas de saúde mental.

Você sabe com quem está falando?

Do meu ponto de vista, um dos maiores problemas é a facilitação dos relacionamentos com estranhos. Crianças com cerca de 7 anos já estão tendo acesso sem supervisão à internet, muitas vezes já têm até o próprio celular e, como mãe, me assusta saber que existem pessoas que realmente pensam que uma criança está apta para navegar no mundo digital por conta própria.

Já contei aqui que minha mãe tem uma amiga cuja filha conheceu um estranho na internet com 13 anos e fugiu do estado para encontrá-lo, lembra? Pois bem, esse é um caso real entre milhares que acontecem todos os dias. Quando conhecemos alguém através da internet, só temos acesso ao que a pessoa nos conta sobre ela mesma. Há pessoas que usam essa condição para forjar identidades e tirar proveito dos outros com isso — seja, como no caso dessa história, um pedófilo, seja alguém procurando uma oportunidade de dar golpes financeiros e extorquir a pessoa.

Eu trabalho com a internet, exponho minha imagem nela e, mesmo assim, só me relaciono com pessoas quando tenho absoluta certeza de que são elas mesmas ou amigos de amigos. Com o contínuo avanço da tecnologia, o risco aumenta ainda mais, porque softwares de inteligência artificial conseguem criar pessoas que não existem e construir fotos e vídeos específicos desse personagem que são tão reais que se torna muito difícil descobrir a verdade.

Por isso, acredito fortemente que tanto nós, jovens, como os mais velhos devemos abrir os olhos para essa questão de forma mais ativa e só nos relacionarmos com aqueles com quem temos algum vínculo próximo: amigos, amigos de amigos, familiares, conhecidos de outros grupos, e não pessoas aleatórias que não fazemos ideia de quem sejam e que não conseguimos checar se existem de fato ou não.

Para você ter uma noção, as pessoas que fingem ser outras nas redes estão sofisticando seus métodos e às vezes constroem uma vida inteira fictícia para sustentar a identidade desse personagem. Elas criam também os perfis dos familiares e amigos, gerando uma rede de perfis falsos para sustentar a identidade de apenas um.

O amigo que não me conhece

Além disso, o ambiente digital possibilitou o surgimento de novos ídolos. Eles não são como os ídolos de antigamente, que víamos ou na TV ou nas

O jovem digital

revistas e jornais, sem ter contato ou proximidade alguma com eles, mas ídolos tão próximos que conseguimos acompanhar no dia a dia, mandar uma mensagem e talvez receber respostas deles. Isso gera uma sensação de intimidade ilusória, porque o seguidor conhece e se sente amigo do ídolo, embora este nem se importe com a sua existência.

Eu tive dificuldade para compreender essa situação, especialmente porque a minha comunicação nas redes é bem próxima e simples. Quando saio na rua, pessoas me abordam não como os antigos ídolos ou celebridades eram abordados, com um fã pedindo uma foto ou um autógrafo, mas com um tom que um amigo usaria. Normalmente a pessoa elogia meu trabalho, diz que adora me acompanhar, meus filhos, a família, mas com aquele jeito de alguém que já te conhece, e não de alguém que te venera, sabe? Eu amo isso, mas no começo ficava pensando "Que esquisito, a gente não se conhece, eu nunca vi essa pessoa na vida e ela tem um carinho tão grande por mim". Não é algo ruim, mas causa uma certa estranheza no início.

Outra coisa que era difícil de entender no começo, tanto para mim quanto para minha família, era o fato de eu ser abordada sempre com pedidos de fotos sendo que eu não era uma "celebridade tradicional". Eu não estava na TV, não era atriz, cantora, nada disso, era apenas uma menina que empreendia e compartilhava seu dia a dia nas redes sociais. Hoje eu entendo tudo isso, e se tornou algo normal e agradável, mas era algo que costumava me deixar confusa.

A primeira vez que vieram pedir uma foto comigo no shopping eu quase perguntei "Por que uma foto comigo?", mas achei que poderia soar rude e levei o questionamento para casa. Hoje eu entendo esse novo tipo de relacionamento, que parece recíproco, e até pode ser, se formos pensar que interagimos com as pessoas que nos acompanham nas redes, mas no fundo é quase unilateral.

Levo isso tão a sério que toda vez que alguém vem falar comigo, se for em um momento tranquilo, procuro saber mais sobre a pessoa, para criar algum tipo de vínculo, mesmo que momentâneo, entende? Uma das minhas melhores amigas, atualmente inclusive, conheci quando ela veio me "tietar". Eu estava em um momento megatranquilo, perguntei se ela queria se sentar para conversar, e acabamos nos dando muito bem, trocamos contatos e há anos nos vemos toda semana.

O problema, no meu ponto de vista, é quando a pessoa que está na posição de fã não entende que essa relação de amizade existe na cabeça dela, mas que o "ídolo" não a conhece. Isso, além de gerar frustrações (já tive pessoas me xingando dizendo que me amavam e eu não respondia às mensagens delas, que eu tinha que falar com elas todo dia), também pode criar danos bem sérios. Um caso emblemático foi o da Christina Grimmie, uma cantora norte-americana que foi baleada durante um meet and greet por um fã, que se suicidou logo em seguida. Se essa pessoa não tem supervisão enquanto jovem, usa a tecnologia de forma desmedida e descontrolada, não cria vínculos sociais reais com amigos, pode se tornar um stalker e, em casos extremos como o que eu citei, um assassino.

O problema não é ser fã, gostar de algum artista ou pessoa, mas não entender que a relação de fã é a relação de uma pessoa só: você com a imagem que criou do seu ídolo.

Falando assim, parece que eu não sou fã de ninguém, mas eu era alucinada pelo Justin Bieber, passava horas do meu dia vendo vídeos dele, acompanhava cada passo e até conheci ele em um show que ganhei de aniversário da minha mãe. Também fui fã de One Direction, principalmente do Harry Styles. Minha mãe disse que nessa época eu ficava cabisbaixa no jantar, triste, ela me perguntava o motivo e eu dizia "Porque eu nunca vou casar com o Harry Styles". EU JURO.

Com o passar dos anos, conhecendo cada vez mais pessoas famosas, virei alguém que não é fã de praticamente ninguém. Admiro certas personalidades, mas sei que são só pessoas — seja quem for. No fim, são apenas pessoas — talentosas, dedicadas, prestigiadas, porém pessoas. Esse tipo de pensamento faz um bem danado e não te permite se apequenar perto de ninguém.

O terrível cyberbullying

Uma questão que não poderia ficar de fora é o surgimento do cyberbullying. Sim, em outras épocas já existia o bullying, mas não da forma como é hoje,

72 | *O jovem digital*

com uma violência e frequência jamais vistas. Não dá para ignorar e deixar de falar sobre isso neste livro, especialmente porque eu mesma já fui vítima desse tipo de violência.

Antes, se você sofria bullying na escola, aquele era o ambiente da violência. Saindo dali você estaria livre até voltar de novo, podia ir para casa e ficar em paz, ver TV, esquecer dos problemas até o dia seguinte. Hoje, não. O bullying não é mais restrito a um local. O menino que sofre na escola leva esse sofrimento para casa no celular, recebe uma mensagem cruel no meio da tarde, vê postagens o ridicularizando à noite e o tormento nunca passa. Talvez esse seja um fator importante para o aumento das taxas de suicídio em jovens, especialmente os de 10 a 14 anos.

O problema é que os pais estão tão ocupados que, na maioria das vezes, não fazem ideia do que está acontecendo. Quando eu sofri bullying, infelizmente, não acontecia só na hora da escola. Lembro até hoje dos comentários, postagens e mensagens que aquelas meninas faziam. Nada que eu postava passava batido. Eu não tinha paz.

Bem quando eu estava prestes a finalmente sair dessa escola onde sofri mais de dois anos de bullying calada, chorando escondida, passando o intervalo sozinha e saindo pelo portão dos fundos, fui vítima de novo, dessa vez 100% de cyberbullying. Estava prestes a entrar em uma nova escola, na qual eu conhecia apenas uma menina que nem era tão minha amiga assim, superanimada para um "novo recomeço". Duas semanas antes de começarem as aulas, um menino postou no grupo do Facebook de todos os alunos da série um vídeo estilo paródia de um outro que eu tinha feito para promover minha marca de roupas recém-lançada. O vídeo era tão pesado que até hoje não consegui ver inteiro. Na hora em que eu falava "fico feliz de dar emprego para pessoas", ele remixou e deixou só "fico feliz de dar", dando uma entonação sexual nojenta a um vídeo que tinha como objetivo divulgar meu negócio.

Eu tinha 14 anos, nem a virgindade eu tinha perdido ainda, e esse episódio veio como um soco no estômago depois de tanto sofrimento. Essa foi a época em que contei para minha mãe do bullying, no momento em que estava no começo da primeira tentativa de recuperação da bulimia e depressão. Foi terrível.

Minha mãe reclamou com a direção da escola, o menino apagou o vídeo e até publicou uma retratação, mas o estrago já tinha sido feito. Eu fui mesmo assim para o primeiro dia de aula e consegui passar por mais essa turbulência. Foi difícil não desistir da minha marca de roupas, continuar postando e aparecendo, mas valeu a pena.

Na verdade, ainda bem que eu passei por isso, porque, além de me deixar mais forte, posso escrever este livro e ajudar outras pessoas que talvez passem sozinhas por algo parecido e não saibam o que fazer.

Se você é um jovem digital e está sofrendo algum tipo de bullying, primeiro conte para seus pais e para quem pode te ajudar a tomar providências; também sugiro que você procure um profissional para te auxiliar com acompanhamento psicológico; e, caso se sinta pronto e esteja em um ambiente seguro, reúna dez segundos de coragem e não abaixe a cabeça para o agressor — responda, enfrente, às vezes é só o que você precisa para terminar com o pesadelo.

Se mesmo assim o agressor continuar, veja o que pode fazer para sair desse ambiente. O PROBLEMA NÃO É VOCÊ. Por favor, saiba disso. Eu passei anos convencida de que o problema era eu, mas, na verdade, quem brilha incomoda quem não tem brilho próprio. Ninguém que é bem-resolvido consigo mesmo perderia tempo ou energia atacando outra pessoa. Você terá um futuro brilhante. Peça ajuda, não abaixe a cabeça e use isso para se tornar mais forte do que você já é.

Encontrando seus semelhantes

Agora vamos falar de coisa boa: o jovem digital é muito melhor do que os das outras gerações em socialização digital. Primeiro: sabemos como achar qualquer coisa em minutos, ou segundos, na internet. Seja um produto, uma música, uma pessoa, uma empresa — o que quer que você possa pensar —, encontramos com uma facilidade absurda.

Além disso, nós criamos grupos com interesses em comum, e isso é maravilhoso! Imagine um menino que mora em uma cidade bem pequenininha do interior. Na cidade dele, que tem 4 mil habitantes, todo mundo conhece todo mundo, as pessoas são bem "comuns", e o sonho dele é ser uma drag queen. Ele se monta escondido no seu quarto, mas esse interesse é algo totalmente distante da vida que tem naquela cidadezinha. Esse menino, sem a internet, se sentiria para sempre um alien nessa cidade, provavelmente iria reprimir esse sonho ou nunca sentir que poderia ser aceito como é. Com o mundo digital, ele pode se conectar com grupos de pessoas que também amam o mundo drag, fazer amigos, trocar mensagens e ser quem realmente é, se sentir aceito, amado e encorajado a seguir seus sonhos. E se a Gloria Groove não tivesse ido atrás do seu sonho? Ou a Pabllo Vittar?

Foi só um exemplo, mas aplique isso em outro caso e a lógica é a mesma. O mundo digital permite nos conectarmos com quem compartilha dos mesmos interesses que nós. Olhe o tanto de grupos de pessoas que são veganas, por exemplo, jovens que se uniram em prol de uma causa e, juntos, são ativistas e provocam mudanças no mundo por meio de sua prática.

Outra vantagem é a facilidade que temos de adaptar nossa linguagem e comunicação ao ambiente. Entre em qualquer rede social e veja comentários de pessoas mais velhas ou de jovens, você vai ver como na maioria dos casos os jovens se adéquam muito mais facilmente à rede social em que estão e ao tipo de conteúdo. Até o humor é diferente, mais refinado, não é aquela coisa pastelão de antigamente. O jovem digital tem uma capacidade de adaptação fora do normal, tanto nos relacionamentos quanto nas constantes transformações tecnológicas e no mundo, no ensino, enfim, somos adaptáveis.

Essa, inclusive, é uma habilidade que todo mundo precisa desenvolver cada vez mais. Tudo que conhecemos vai mudar nos próximos anos e se a galera mais velha não aprender com os jovens a se adaptar às mudanças e inovar em cada uma delas — desculpe informar —, está ferrada. Só para você ter uma noção, 85% das profissões que existirão em 2030 ainda nem foram inventadas.[15] Não tem como ignorar isso que em breve será nossa realidade.

O jovem digital e as marcas

Um último tema que eu gostaria de explorar nessa associação entre relacionamentos e mundo digital é como interagimos com as marcas. Se uma empresa quer fazer sucesso entre os jovens digitais, então precisa entender algumas coisas: não queremos apenas comprar de uma marca — queremos, na verdade, uma relação. Não basta ter um produto bom, com um preço bom e um atendimento bom — isso é, na verdade, o mínimo hoje em dia. Nós vamos além. Queremos nos vincular, seja para comprar ou fazer negócios, com marcas que *walk the talk*, ou seja, que praticam aquilo que falam.

Sabe aquelas marcas que no mês do orgulho LGBTQIA+ postam fotos de dois casais homossexuais juntos e no resto do ano não fazem absolutamente nada para ajudar ou dar visibilidade para a causa? Isso não cola mais. A gente não gosta desse *tokenismo*, por isso marcas que levantam bandeiras em épocas específicas precisam entender que essas bandeiras devem ser sustentadas no que praticam ao longo do ano, nos colaboradores, e não só quando é pertinente.

As marcas precisam mostrar atitudes que comprovem que estão dispostas a perder lucro e clientes em nome daquilo que supostamente defendem durante as datas que contemplam as minorias. Diversidade e inclusão são questões bem importantes para nós. Estamos cansados de ver sempre o mesmo tipo de gente fazendo o mesmo tipo de campanha para o mesmo tipo de marca. Mude o disco. Queremos ver corpos plurais em passarelas, queremos cores, tamanhos, rostos e cabelos diferentes. E se você, marca, não quiser fazer nada disso, uma hora nossa cobrança vai surtir efeito e você vai ter que se adequar.

As empresas precisam focar em construção de MARCA para criar preferência de consumo. Não escolhemos só pelo preço; todos os elementos subjetivos de construção de marca ditam onde buscamos gastar nosso dinheiro ou trabalhar. Batemos palmas para a autenticidade e reviramos os olhos para mais do mesmo. Nossos olhos sempre estarão nas imagens, então as empresas não podem negligenciar isso.

Somos crias do digital, das redes sociais, então nossa atenção é perdida em cinco segundos — e a única coisa que consegue prender uma atenção

76 | O jovem digital

tão curta são imagens impactantes logo no início. Se o visual for interessante e impactante, paramos para ler e dedicar uma atenção maior à empresa, à comunicação, à campanha ou à postagem. Nós queremos sentir que consumimos algo que fortalece nossos valores, e não que vai contra eles.

Enfim, queremos poder nos relacionar em ambientes mais seguros, ter mais relações sólidas com amigos e familiares (porque não dá para um pai ou mãe cobrar que seu filho limite o uso da internet se ele mesmo passa o dia no celular), participar de eventos em grupo que não envolvam nada digital, ao mesmo tempo que também queremos ter liberdade para usar a tecnologia para nos divertirmos, nos sentirmos aceitos, para aprender, dar risada e nos relacionarmos com pessoas que nos fazem nos sentir melhor com quem somos.

Capítulo 5:
MOTIVAÇÃO E TRABALHO

Desde pequenininha eu sempre gostei de gente, sabe? Conhecer pessoas novas, conversar, prestar atenção em outros indivíduos, entender por que faziam o que faziam, da forma como faziam, por que alguém gostava de uma pessoa e não de outra... Quando estava me formando na escola, descobri a psicologia. Estudar o comportamento humano? Amei a ideia.

AINDA não cursei psicologia, mas a primeira faculdade que eu fiz, antes de ir para aquela em que me formei, era uma em que o curso base era o de psicologia. Eu ficava fascinada com os estudantes de psicologia, e, por mais que eu ainda não tenha tido a oportunidade de estudar o assunto formalmente, leio tudo o que posso sobre as disciplinas da área. Só contando com artigos científicos, acho que já li uns duzentos trabalhos; entre outros tipos de pesquisas, já até perdi a conta. Estudar psicologia é passar a compreender as pessoas e suas motivações em um nível mais íntimo.

Existe uma teoria muito legal na psicologia, chamada Teoria das Necessidades Adquiridas, de David McClelland, que fala sobre as três necessidades motivadoras que todos nós temos: realização, poder e afiliação. Pessoas que têm a necessidade de *realização* como a principal normalmente se preocupam em fazer tudo com excelência, atingir padrões altos e ser reconhecidas por isso. Aqueles com necessidade de *poder* querem ter impacto, ser fortes e influenciar as pessoas, e esse é o maior impulso para suas ações. Já os que têm necessidade de *afiliação* são aqueles cuja motivação principal é serem aceitos, criarem relações sociais, fazer parte de grupos e se sentirem amados.

78 | *O jovem digital*

Além dessa teoria de McClelland, existem várias outras relacionadas às motivações humanas. Um cara bem famoso, que inclusive inspirou McClelland, foi Maslow, que criou a teoria das necessidades em 1940. Isso significa que a motivação é um grande tema de estudo há muito tempo, e não é à toa que o interesse é cada vez maior por compreender de forma mais assertiva o que estimula as pessoas: são esses impulsos que movimentam o mundo.

As teorias acerca da motivação, inclusive, costumam sair do nicho psicológico do mercado de trabalho e dos estudos, e são ensinadas para profissionais de marketing, porque ajudam a vender mais, a montar uma boa campanha que busca atingir melhores resultados, a fazer os colaboradores produzirem mais e com mais qualidade etc.

Para fazer quase tudo neste mundo, precisamos lidar bem com as pessoas. Você é pai ou mãe? Então, para se relacionar com seu filho, seja na hora de direcioná-lo para o caminho que você acredita ser o melhor, seja na hora de ajudá-lo com tarefas cotidianas, como acordar, se alimentar e estudar, você precisa entender que o que o motiva não é necessariamente o que te incentiva. Para negociar, passar uma mensagem, dar uma palestra, produzir conteúdo nas redes ou até para escrever um livro — como este —, precisamos entender mais sobre as motivações humanas, e especificamente sobre as nossas e as do outro com quem estamos nos comunicando de alguma forma.

Todos nós, seres humanos, precisamos de motivação. Tudo o que fazemos é instigado por algo, desde acordar de manhã e tomar café até procurar alguém para conversar ou trabalhar — ou seja, absolutamente qualquer coisa. Isso porque a motivação é a primeira etapa da ação, funciona como um impulso. Logo, tudo o que foi feito por alguém no mundo foi motivado por alguma coisa, desde uma pessoa que tirou o sapato porque estava apertando seu pé até Martin Luther King Jr. ao proferir o discurso "I Have a Dream", impelido a encorajar a nova geração a enfrentar o racismo, criando uma sociedade melhor para o futuro.

Sabendo disso, será que estamos falando ou pensando sobre quais são as principais motivações do jovem digital e em que medida elas diferem das de outras gerações? Digo isso porque querer entender o jovem digital sem buscar primeiro entender o que impulsiona suas ações é perda de tempo.

Então, o que move o jovem digital?

Quando alguém mais velho chega para um jovem digital e fala que ele pode ter muito sucesso dentro de uma empresa daqui a trinta anos, e que em cinco anos ele pode ser promovido para um cargo e ganhar 30% a mais do que ganha hoje, esse jovem não fica motivado — muito pelo contrário, sente aversão e quer pular fora na hora.

Tive um exemplo próximo disso porque meu irmão — um cara muito menos ansioso que eu, mais centrado e analítico, passou por uma situação bem parecida. Ele entrou em um processo seletivo megaconcorrido dentro de uma empresa gigante, trabalhou por um ano lá e, quando percebeu que não seria recompensado ou promovido de acordo com suas habilidades e seu esforço, saiu e decidiu correr riscos maiores que poderiam compensar mais, de acordo com o próprio trabalho, e não por uma regra preestabelecida de tempo.

Isso não é um traço exclusivo dele, meu ou de qualquer outro jovem específico; isso é geracional. Quando ouço pessoas falando que somos menos pacientes e mais impulsivos, eu concordo, mas isso não necessariamente significa algo ruim; depende do ponto de vista. O jovem de hoje tem menos paciência com aquilo que se prolonga sem necessidade (pelo menos em sua visão), e, se por mais impulsivo você quer dizer mais corajoso para tomar decisões arriscadas que acredita serem as certas, então talvez isso não seja algo tão ruim assim.

Nós, jovens digitais, somos motivados pelo pagamento em curto prazo. Até entendemos a importância do planejamento em longo prazo, e que as coisas levam tempo para acontecer, mas, se não houver algum tipo de recompensa no presente, as chances de continuarmos sendo resilientes por uma aposta futura são bem baixas.

Olhe o *turnover* das empresas hoje, por exemplo. O que mais tem são profissionais e instituições falando sobre "como atrair colaboradores da geração Z", falando sobre propósito, causas ambientais e todas as coisas mais clichês que se tornaram um estereótipo da juventude atual, mas quase ninguém está falando sobre recompensas de curto prazo ou estímulo ao sentimento de pertencimento. São essas coisas que nos movem.

80 | *O jovem digital*

Se eu fiz algo incrível e ninguém me deu parabéns ou me remunerou financeiramente por esse feito, dificilmente vou me sentir motivado a repeti-lo. Veja as companhias que mais têm jovens na força de trabalho hoje: elas têm metas de curto prazo, um ambiente agradável com pausas para lazer e um forte senso de grupo.

Precisamos pertencer

Queremos saber que fazemos parte de algo. Não desejamos só apertar um botão roboticamente por oito horas todo dia sem fazer ideia do impacto dele dentro do todo da empresa ou no resultado final. Pertencer, para nós, é mais importante do que ser sozinho.

Um exemplo fora do mercado de trabalho que ilustra isso é o seguinte: eu faço uma coisa todos os dias que mostro para as pessoas que me acompanham, que é arrumar minha cama e meu quarto. Filmo isso e escrevo a mensagem em cima "Se você não arruma nem a própria cama, como espera arrumar qualquer outra coisa na sua vida? A autorresponsabilidade começa no seu quarto". Parecia algo bobo nas primeiras vezes que fiz, mas hoje se tornou um movimento. Recebo dezenas de mensagens por dia de pessoas falando que também começaram a arrumar seus quartos e camas, e postagens de pessoas escrevendo essa frase e fazendo a mesma coisa que eu.

Você acha que esses jovens estão arrumando suas camas e seus quartos porque querem eles arrumados? Não, eles fazem porque querem pertencer ao grupo de pessoas que faz isso, que acredita que fazer isso os torna melhores e querem mostrar isso para os outros. É muito mais sobre identificação social e o resultado que isso traz para a própria imagem e autopercepção do que pelo ato de arrumar a cama em si.

Quando vejo falarem sobre nossa geração ligar muito mais para meio ambiente e atitudes sustentáveis, a primeira coisa que vem na minha cabeça é: "Que análise superficial. É óbvio que a gente não liga para isso como vocês pensam". Se pararmos para pensar de forma mais crítica, um jovem não quer "lutar" em prol do meio ambiente *só* pelo meio ambiente. Lógico que falamos mais sobre esse tema e criamos demandas de sustentabilidade que não existiam antes, na época em que as indústrias surgiram em um primeiro momento, mas essas demandas não existiam porque nem sabíamos o impacto que certas coisas teriam no nosso planeta e o risco que isso implicaria para a nossa vida e a das próximas gerações.

Nós falamos mais sobre meio ambiente e cobramos sustentabilidade, mas nossas ações não condizem com esse pensamento. Se agíssemos com a mesma ferocidade com a qual cobramos atitudes sustentáveis, jamais compraríamos de todas as empresas das quais compramos hoje. A indústria do *fast fashion*, por exemplo, é a segunda maior do mundo em consumo de água, e é responsável por cerca de 10% da emissão de carbono global. Isso é maior do que todos os voos internacionais e marítimos juntos e é o equivalente ao que toda a União Europeia emite, segundo a UNEP (UN Environment Programme).[16] Além disso, um caminhão de tecidos é abandonado em algum terreno ou queimado por segundo, representando 85% de todos os têxteis indo para o lixo todos os anos. Até a lavagem das roupas libera 500 mil toneladas de microfibras no oceano por ano, o equivalente a 50 bilhões de garrafas plásticas. Ruim, né? E a maior parte dos consumidores dessas redes de moda é formada por jovens — aqueles que supostamente são os que mais se importam com o meio ambiente, sabe? Isso é confuso. Se sustentabilidade fosse mesmo uma das prioridades dos jovens digitais, seja para escolherem trabalhar em uma empresa ou comprar dela, a realidade deveria ser diferente da que encontramos.

Se eu fosse dar um único palpite, com base em tudo o que estudo, vejo e vivo sendo uma jovem digital, é que, na verdade, nós queremos pertencer. O jovem que faz parte da comunidade ativista pela sustentabilidade está, sim, lutando pelo meio ambiente, mas continua na luta pelo grupo, pelo senso de identidade que lhe é conferido por meio dele e pela sensação de pertencimento. É o grupo que diz quem ele é e o que motiva suas ações.

Como motivar os nativos do mundo digital

Quer convencer um jovem a fazer parte da sua empresa? Então crie um senso de identidade para ela. Quem somos nós e quem são eles? Por que

82 | O jovem digital

nós somos melhores? Quais são nossos valores? Qual é a fonte da cultura da empresa da qual o jovem poderá beber um pouco todos os dias para se sentir cada vez mais pertencente?

Outra dica? Crie um plano de metas e recompensas para o curto prazo, e deixe o longo prazo para visão e projeção de futuro. O depois é importante, saber para onde todos estão indo é importante, mas, no nosso mundo, para que exista a colheita é preciso plantar sementes agora e saber exatamente quais frutos elas darão.

Mais uma dica? Deixe evidente de que maneira o que cada um faz contribui para o resultado final. Jovem, você está fazendo essa planilha não porque você só sabe fazer isso, mas porque ela vai ditar o rumo das decisões do time de marketing, que vai mudar a comunicação da empresa e nos fazer crescer. Sem a sua planilha não conseguiríamos crescer. Você é uma peça fundamental para o todo.

Agora, se você quer motivar um filho ou parente jovem a fazer algo para o bem dele — como por exemplo, um esporte, ou se comprometer com algo específico —, use a ideia de pertencimento como motivação como guia. Quer que ele pratique esportes? Descubra qual é o esporte que ele acha legal, que faz sentido para o biotipo dele, que seria possível praticar toda semana, e ajude-o a encontrar GRUPOS desse esporte. Dessa forma, a chance de ele desistir é menor do que tentar convencê-lo a começar a se exercitar sozinho. Quer que ele diminua o tempo no celular? Então construa atividades interessantes que possam ser feitas em grupo, e a motivação dele será bem maior do que a que ele teria depois de levar uma bronca aleatória.

A influência como profissão

Eu estava refletindo esses dias sobre a loucura que é uma pessoa mostrar a própria vida e falar o que pensa em uma plataforma e, com isso, se tornar uma marca que pode chegar a valer bilhões. Esse fenômeno da influência como profissão molda nossa geração e nos diferencia de todas as outras de qualquer época e local do mundo. Hoje, o *net worth* da Kim Kardashian é maior que 1 bilhão de dólares, e o da Marilyn Monroe seria o equivalente a 7 milhões de dólares.

Motivação e trabalho | 83

O objetivo não é fazer um comparativo de melhor e pior, mas apenas analisarmos como a internet mudou absolutamente tudo no nosso mundo. Kim Kardashian não é atriz, nem cantora, escritora, cientista ou qualquer coisa do tipo; ela é uma influenciadora que se tornou empresária. Se Marilyn vivesse nos dias de hoje, seu impacto provavelmente seria muito maior financeiramente, porque naquela época não existiam tantos canais ou marcas e empresas como existem hoje.

As corporações pagam para os detentores da influência por audiência e visibilidade, e distribuem o valor que antes ia para um único canal (a TV, por exemplo) em muitos outros. Antes uma personalidade conhecida dependia de um canal para ter visibilidade em mídia, e hoje ela *é* o próprio canal.

Faz sentido? Quando o influenciador se torna o próprio canal, ele cobra para fazer publicidade através deste, ou pode utilizá-lo para promover a própria empresa, como é o meu caso, por exemplo. Eu cobro para produzir conteúdo e divulgar os produtos e serviços de outras marcas, ou para dar uma palestra e liberar o direito de uso da minha imagem, assim como utilizo meus canais digitais para promover meu negócio e fazer dinheiro por meio deles.

Hoje em dia existem mais canais, mais empresas, mais influências e mais dinheiro. Por causa do mundo digital é possível que uma pessoa sem recursos se torne uma potência, seja porque criou uma música em seu quarto, subiu essa música gratuitamente em uma plataforma digital de áudio e ela viralizou, ou porque começou a produzir conteúdo nas redes, atraiu um público interessado e se tornou o próprio canal de mídia que precisa para ganhar visibilidade.

Seja qual for o caso, o digital possibilitou não só o nascimento de um novo mercado, mas a total transformação de todos os outros. Não existe, hoje, uma empresa que não precise utilizar algum meio digital para crescer e divulgar sua solução. Até as menos prováveis, como as governamentais ou as de fertilizantes para plantio, precisam disso.

Para você ter uma noção, Cristiano Ronaldo, um dos maiores jogadores de futebol do mundo, entre os melhores durante mais de 15 anos, ganha mais dinheiro com sua imagem e influência do que com o futebol (e olha

84 | *O jovem digital*

que ele ganha uma boa grana como jogador, viu?). Em comparação, uma única postagem no Instagram da Kim Kardashian gira em torno de US$1,7 milhão. Esse é o poder que está nas mãos das mais diferentes e variadas pessoas ao redor do mundo: o poder de tornar a influência digital um negócio lucrativo.

Falta resiliência?

Enquanto escrevo este capítulo, estou conversando com todas as pessoas que consigo alcançar sobre esse tema para saber suas opiniões e enriquecer meu pensamento, além do próprio livro. Uma coisa que escuto muito as outras gerações falarem sobre os jovens digitais é que eles desistem muito mais facilmente das coisas. "Esses jovens de hoje não têm resiliência."

Será? Será que é o jovem que desiste ou os responsáveis adultos que insistem muito menos para que seus filhos se comprometam com algo? Não são só os jovens que estão inseridos no mundo digital, praticamente todas as gerações participam dele. Vai me dizer que você nunca viu uma mesa em um restaurante na qual os adultos estavam no celular enquanto as crianças estavam do lado? Não faz muito tempo que saí para jantar com meu marido e na nossa frente tinha uma família de quatro pessoas: os pais, uma filha de uns 8 anos e um menino de uns 14. Os pais não só não olhavam um para o outro como não olhavam para as crianças e nem falavam com elas — só ficaram mexendo no celular o jantar inteiro. O menino estava jogando algum joguinho no celular e a menina, assistindo vídeos. Ou seja, as outras gerações também não sabem limitar o próprio uso dos dispositivos.

Nesse contexto, e também acrescentando a isso o fato de que o custo de vida hoje é mais alto — o que significa que os adultos precisam trabalhar mais para manter o mesmo padrão de vida que custava menos anos atrás —, os responsáveis estão menos comprometidos com a educação dos filhos. É mais fácil deixar o jovem desistir do que se comprometer a ajudá-lo a não desistir, porque isso demanda tempo: ir aos treinos, conversar sobre a vida dele de forma totalmente presente, manter contato com o técnico para saber o que anda acontecendo, dar o bom exemplo de ser também alguém que pratica esportes... a lista é longa.

Os pais de hoje também são menos resilientes. No trabalho talvez não, mas com a própria família, sim. Então, será que o jovem de hoje é menos resiliente ou tem pais mais ausentes, que dedicam menos tempo para estarem presentes na sua vida, física e emocionalmente, do que em seu trabalho ou no seu lazer?

Por termos crescido no meio digital, acabamos sendo mais ansiosos e imediatistas, sim, e isso não é algo que nos ajuda muito, porque temos uma tendência a deixar as coisas para a última hora e a só nos comprometermos de verdade, focados, quando o prazo está próximo. Não quer dizer que não cumprimos com nossas demandas, mas precisamos de uma educação que desde cedo foque em hábitos e não somente em resultado.

Os responsáveis deixam as crianças imersas por horas no celular desde que são pequenas, porque isso facilita o trabalho de criar uma pessoa. Celular esse que dá acesso a tudo em questão de instantes; e esperam que, uma vez que atinjam a juventude, sejam pacientes, programados e focados? É óbvio que a atenção se dispersa: estão extinguindo as brincadeiras infantis que estimulam o foco e substituindo elas por celulares antitédio. Não tem como esperarmos um resultado diferente se continuarmos agindo assim.

E olha que estou falando dos jovens de hoje, que não cresceram com a inteligência artificial tão avançada como estará daqui alguns anos. Se tudo poderá ser feito por meio da IA, por que esse jovem deveria estudar, se comprometer, criar o hábito de ler, por exemplo? Nós somos o que aprendemos a ser. E nós aprendemos com outras pessoas, e essas outras pessoas têm, também, responsabilidade sobre as consequências dessa criação.

Do nosso jeito

Sabe outra coisa que o jovem digital tem de diferente? Ele quer criar e inovar. Enquanto as outras gerações queriam saber como fazer o trabalho que já existia da melhor forma possível, o jovem de hoje quer criar um novo trabalho, uma profissão que nem existe ainda, ou mudar aquilo que existe em busca de uma solução melhor. Nunca tivemos tantas transformações acontecendo ao mesmo tempo ou em uma velocidade tão rápida, e veja quem são os sujeitos que causam toda essa mudança.

86 | O jovem digital

Tem jovens desenvolvendo máquinas 3D para impressão de tecidos humanos com o objetivo de conseguir criar órgãos para transplante, turbinas que recolhem até oitenta toneladas de lixo plástico em rios por dia, aplicativos que democratizam a educação e, assim, permitem que pessoas façam simulados do Enem gratuitamente, algoritmos que detectam ineficiência nos gastos públicos, otimizando os investimentos e os alocando para áreas mais necessitadas, entre diversas outras iniciativas das mais variadas áreas.

Por termos crescido em um contexto de mundo extremamente rápido, aprendemos desde cedo a nos acostumarmos com mudanças e, inclusive, a termos um olhar mais ágil para solucionar problemas de forma criativa e inovadora. Quer nos motivar? Então use tudo o que falei antes e nos permita pensar em algo que não é o usual. São grandes as chances de pensarmos em algo que não só solucionará o problema como criará novas oportunidades que talvez ninguém tenha imaginado.

Esse saudosismo diante dos jovens de hoje e da geração que está chegando é um clichê. Se você acha que é especial por acreditar que a nova geração é pior do que a sua, então sinto lhe desapontar: essa ideia existe desde os tempos de Sócrates (e provavelmente muito antes). Um pensamento altamente conhecido atribuído ao filósofo trata exatamente desse saudosismo que as gerações mais velhas demonstram:

Os jovens de hoje gostam do luxo.
São mal comportados,
desprezam a autoridade.
Não têm respeito pelos mais velhos
e passam o tempo a falar em vez de trabalhar.
Não se levantam quando um adulto chega.
Contradizem os pais,
apresentam-se em sociedade com enfeites estranhos.
Apressam-se a ir para a mesa e comem os acepipes,
cruzam as pernas
e tiranizam os seus mestres.

Motivação e trabalho | 87

Parece com o que os mais velhos de hoje dizem sobre os jovens, não? A geração anterior sempre será saudosista, mas o jogo do mundo vai começar a mudar quando entenderem que a geração mais nova, na verdade, é apenas diferente, tem pontos mais fracos e outros muito mais fortes, pois foi criada em um novo contexto social, provavelmente mais avançado tecnologicamente do que o anterior.

Junte a resiliência no trabalho das gerações anteriores à criatividade e ao pensamento inovador dos jovens digitais para ver o que acontece. Não é uma guerra de quem é melhor; o objetivo é buscarmos compreender os motivos que levam uma geração a ser como ela é, a pensar como pensa e a almejar as coisas que almeja.

Nós queremos ter voz. Nós pensamos diferente das outras gerações. Nem sempre pensaremos em algo melhor, mas com certeza pensaremos em algo novo. Essa coisa de "Eu sou mais velho, então, sou mais sábio" não cola mais. Veja o tanto que perdemos enquanto sociedade tomando isso como verdade.

Este livro mesmo é um exemplo de solução para esse tipo de problema. Não sei se você que está lendo vai amá-lo ou odiá-lo, mas estou tendo a coragem de escrever e publicar mesmo assim. Essa coragem veio de uma inconformidade com o fato de que só pessoas mais velhas falam sobre nós, e isso não parece certo. Quando tentamos abrir a boca para falar o que pensamos sobre nós mesmos e a nossa geração, acham graça, não levam a sério ou questionam nossa experiência para estarmos falando sobre algo importante. "Quando for mais velho, você vai entender."

Pois bem, o que eu diria para essa pessoa é: "Como você nunca mais será jovem como eu sou agora, vivendo a juventude no mundo de hoje, talvez você nunca me entenda se continuar pensando assim." São tempos diferentes, então, que usemos essas diferenças para ajudarmos uns aos outros e, assim, crescermos juntos.

Deixem que falemos, nos ouçam, não para afirmar que estamos certos sempre, até porque não estamos, mas pelo menos para nos entender e aconselhar, se pertinente. As recomendações e as tentativas de motivação que nos dão não podem ser unilaterais, têm que nos incluir também. Como você quer me ajudar, se não me escuta? Como quer me motivar, se não sabe o que estou buscando?

88 | O jovem digital

Quero reforçar que não sou prepotente a ponto de achar que vou conseguir traduzir *todos* os jovens aqui, mas pelo menos quero poder falar e abrir espaço para que outros falem também. Que a gente tenha mais voz, porque eu sou só uma e obviamente não conseguiria expressar o que um jovem em vulnerabilidade social, ou que vive longe dos centros urbanos, mas tem acesso ao digital, sente. Que isso abra portas para que ele fale também, e, principalmente, para que todos possam escutá-lo com atenção e, assim, compreender a realidade dele também.

Não cabemos em caixinhas

Outra coisa que percebo que é diferente em nós é que não queremos ser uma coisa só. Não queremos escolher entre ser médico ou artista. Queremos mais. O médico pode ser excelente em sua profissão e também ser apaixonado por guitarra e tocar em uma banda aos fins de semana. Queremos isso *e* aquilo, e não isso *ou* aquilo. Olhe para mim. Eu sou empreendedora, mas também sou escritora, tenho uma música autoral que escrevi e gravei e ainda dou palestras. Sou apresentadora e influenciadora e também amo pintar quadros e ser professora.

Nunca sei como me apresentar profissionalmente porque me sinto mal falando que sou uma coisa só. Cheguei a entrar em uma crise pensando que, se tivesse um dia das profissões na escola do meu filho, ele não saberia dizer o que eu faço. "A mamãe é dona de uma empresa ou a mamãe escreve livros? Mas ela também grava vídeos e eu sei que ela canta." Fiquei pensando se era errado ele não saber explicar o que eu faço em uma palavra, mas descobri que isso é maravilhoso. A mamãe não é uma coisa só, ela é todas as coisas que quiser, juntas e ao mesmo tempo.

Nós, jovens, queremos ser várias coisas, e isso causa, sim, uma estranheza. Mas podem ir se acostumando, porque isso tende a se expandir. Se estamos aqui para experimentar e todos temos múltiplos talentos que nos fazem sentir mais como nós mesmos, por que não explorá-los? Por que nos limitarmos a ser só uma das tantas coisas que podemos ser? Queremos poder ter várias profissões e conhecê-las até nos encontrarmos nas que mais fazem sentido,

Motivação e trabalho | 89

ou simplesmente mudar durante a vida, porque cada fase vai pedir uma versão diferente de quem nós somos. Isso não nos faz menos responsáveis, nos faz mais abertos e criativos. Não queremos nos apequenar para caber em uma caixinha criada por uma geração com outras necessidades.

Mas, como nem tudo são flores, também somos a geração do burnout. Como a maior parte do nosso trabalho está no digital, não sabemos a hora de parar. Isso tem causado uma onda bem preocupante de jovens tendo episódios de burnout, que, diferentemente do que acreditam, não significa apenas "ficar muito cansado"; se trata, na verdade, de um completo esgotamento físico e mental.

Eu já tive alguns episódios de burnout, e a sensação foi a de um quadro depressivo misturado com a moleza no corpo típica de quando estamos muito doentes, sabe? Comecei a ter episódios frequentes de esquecimento, me sentia constantemente triste, desmotivada, e o pior dos sintomas: comecei a parar de ver sentido nas coisas que eu fazia. Parecia que a minha mente estava pedindo socorro, e a forma dela fazer isso era ficar repetindo: *Pare com isso, nada do que você está fazendo faz sentido, trabalhar para quê?* Isso me levou a entrar em uma espiral de pensamentos negativos.

O que eu fazia? Descansava um pouco e depois continuava fazendo tudo exatamente da mesma maneira, até o próximo episódio. Fiz isso quatro vezes em um ano, até a minha psicóloga me ajudar a mudar meu dia a dia para sair desse ciclo horrível. Foi aí que eu comecei a realmente levar a sério a coisa de equilíbrio entre vida profissional e trabalho.

O único caminho para mudar essa onda massiva de burnout entre pessoas tão jovens é que estes mudem todo seu estilo de vida. Para mim, as empresas também deveriam ser responsabilizadas em algum nível. O burnout não é culpa do funcionário; é muito comum que a empresa tenha uma cultura que permita que isso aconteça e possivelmente suscite esse quadro.

Por mais que a gente queira mudar as coisas, nem sempre conseguimos fazer essa mudança nós mesmos. Queremos alcançar o sucesso em um mundo que tem, sim, muito mais oportunidades, mas também muito mais competição. Vivemos em uma sociedade que diz que o esforço individual é o bastante para "chegar lá" e esquece de falar que tem gente que vai se esforçar cem vezes menos que você e vai chegar bem mais longe.

90 | *O jovem digital*

Essa ideia de "o seu valor é medido a partir do seu sucesso profissional" não vem da nossa geração, mas ganhou espaço no mundo digital, e nós, jovens, ainda não somos a maioria nos ambientes de trabalho para conseguirmos mudar isso. Então fazemos o que dizem que é o melhor, até que definhamos. Nós entendemos que é preciso viver; o trabalho por si só não nos preenche.

Preferimos ser felizes hoje

Aliás, isso tem a ver com outro ponto muito interessante na relação entre jovens e motivação que as pessoas de outras gerações poderiam aprender conosco. Nós parecemos descompromissados porque não queremos esperar para sermos felizes. Já entendemos que o amanhã, infelizmente, não é garantido, e escolhemos trabalhar para viver, em vez de viver para trabalhar. Não queremos esperar para ter um propósito, para poder mudar as coisas e criar novas possibilidades ou construir uma vida pessoal que realmente nos satisfaz. Queremos tudo isso ao mesmo tempo em que queremos a realização profissional, o dinheiro e o sucesso.

Um plano de carreira não nos satisfaz se nele não cabe nosso plano de crescimento pessoal também. Queremos poder fazer a diferença, inovar, ser criativos, participar das decisões, ter liberdade e desfrutar da nossa vida no presente, sem ter que esperar para ver como a vida será "lá na frente". Viver uma vida inteira esperando para ser feliz somente nos fins de semana e depois de se aposentar não parece um plano muito inteligente. Não estamos aqui para isso. Trabalhar é totalmente necessário, mas, com o digital, podemos cortar caminho.

Em gerações anteriores, era praticamente impossível que um jovem conseguisse ganhar dinheiro cedo e mudar o rumo do futuro da sua família. O caminho tradicional era: uma geração teria que trabalhar MUITO para poder oferecer à próxima algo que ela mesma não teve, e apenas a nova, com esse acesso, poderia ter uma educação melhor, cursar o Ensino Superior e oferecer um padrão de vida melhor para a seguinte sem precisar sofrer tanto para isso.

Motivação e trabalho | 91

Hoje, por causa da internet, vemos adolescentes de 12, 13 anos, que vieram de famílias muito pobres, se tornando milionários e acelerando o ciclo, ou seja, cortando caminho. Essa potência do digital nos faz acreditar que nós também podemos: podemos ser aqueles que vão cortar caminho; e isso pode acontecer em questão de meses, não mais de décadas. Por isso somos impacientes, sonhadores, ambiciosos: nós estamos ávidos por uma parcela do que eles conseguiram.

É exatamente essa ambição que faz meninos e meninas acreditarem que podem ser profissionais no futebol e se tornar os melhores do mundo, criar um negócio de sucesso, produzir conteúdo e se tornar celebridades, educar-se e ganhar um prêmio Nobel, estudar artes e atuar em um filme de Hollywood. Não somos motivados pelo medo, e sim pelo desejo.

Em vez de só nos repreender quando fazemos algo errado, reconheça quando fazemos algo certo. Nos motivamos quando sentimos que estamos inseridos nas conversas, quando somos reconhecidos, respeitados e valorizados, quando enxergamos propósito naquilo que estamos fazendo e quando nos sentimos parte de algo maior do que nós mesmos.

Convenhamos: esse é um jeito melhor de ser motivado, né?

Capítulo 6:

LAZER

Você já se perguntou por que os jovens passam tanto tempo na internet? Ou já viu um jovem rindo sozinho olhando para o celular? Por mais que pessoas menos inseridas no mundo digital não entendam, hoje temos formas de lazer que há pouco tempo ainda não existiam.

Eu acho que existem duas gerações dentro da Z. Eu, nascida em 1998, sou considerada geração Z, assim como minha irmã, nascida em 2008. A questão é que os adolescentes da idade dela parecem realmente ser de uma geração diferente da galera da minha idade. Nós, jovens adultos, chegamos a saber o que é a vida sem smartphone, por exemplo, e eles, não. As vivências são muito diferentes e o contexto de mundo também. O que percebo é que a tendência é que as gerações fiquem cada vez mais curtas, isso porque com o avanço exponencial da tecnologia, a cada ano o mundo vai mudar de uma forma diferente.

Acho que qualquer pessoa que esteja inserida no mundo digital e pare para realmente observar o mundo em que vivemos hoje poderia chegar a essa conclusão, mas, caso você queira uma pesquisa formal sobre o assunto, o estudo "Comportamento do Consumidor Brasileiro", realizado pelo Centro de Inteligência Padrão (CIP) e pela REDS, em 2017, já indicava essa transformação mais acelerada de uma geração para a outra. A gerente da CIP na época do estudo, Aline Tobal, afirmou: "Verificamos uma diminuição constante no período de cada geração e das gerações de transição. As mais jovens tendem a ser cada vez mais curtas. E isso se deve à velocidade com que têm ocorrido as mudanças tecnológicas e sociais no mundo atual."

O conceito de geração pode ser definido como o período médio, geralmente de vinte a trinta anos, durante o qual um grupo de indivíduos nasce e vive, experienciando um mesmo contexto histórico e causando determinado impacto na sociedade no que diz respeito à evolução. Só que, hoje, o período de vinte anos não dá mais conta de contemplar uma única geração. A geração Z já é dividida em dois grupos: um formado antes da difusão das plataformas digitais e outro, depois delas.

Eu, por exemplo, cresci com apenas uma TV em casa, sem computadores ou celulares. Só fomos ter um computador quando eu tinha uns 5 anos, e, nessa época, o lazer primário ainda era brincar com amiguinhos que moravam perto, ir ao parque do bairro, subir em árvores, praticar esportes, brincar no jardim ou com bonecas e com o que tínhamos em casa. O lazer secundário era assistir à sessão da tarde, programas infantis que passavam na televisão ou ver algum filme que tínhamos no videocassete, que não eram muitos.

Minha irmã cresceu na era do iPhone, iPad, notebooks, YouTube e redes sociais. O lazer primário dela era jogar jogos on-line para crianças, assistir a vídeos no YouTube, ver o filme ou série que quisesse *on demand*, e o lazer secundário eram os esportes, brincar com amigos — que não eram tantos porque ela não morava em uma casa nem tinha vizinhos da idade dela — e brincar com brinquedos e bonecas.

Ou seja, crescemos na mesma família e somos da mesma geração, mas parecemos e nos sentimos como se fôssemos de gerações distintas. Ela não sabe o que é esperar o dia todo para poder ver um programa de que gosta, ou o que é crescer sem YouTube ou Netflix. Vivemos muitas coisas parecidas, mas parece que existe um abismo entre pessoas nascidas no início e no fim da geração Z.

De lazer secundário a vício

A primeira diferença de cerca de vinte anos atrás para agora é que a internet era um lazer secundário para crianças e hoje, não. No mundo digital, desde muito cedo as crianças se divertem on-line, e somente se sobrar tempo, a internet cair ou os responsáveis mandarem que saiam das telas, elas buscam outro tipo de lazer. Isso tem resultado em jovens mais sedentários, cheios de problemas de saúde e com menos habilidades sociais do que o mundo real exige. Mas, por outro lado, tem possibilitado que jovens ganhem dinheiro de novas maneiras.

Os e-sports, isto é, esportes eletrônicos, como videogames, se tornaram um mercado gigantesco que movimenta bilhões. De acordo com dados da pesquisa 2022 *Global Games Market Report*, realizada pela Newzoo,[17] a expectativa é que, no ano de 2023, 32 milhões de pessoas joguem games eletrônicos e que esse mercado movimente cerca de US$ 196,8 bilhões.

Ou seja, o lazer, nesse caso, se funde ao trabalho e representa um jeito novo de se entreter e ganhar dinheiro. Você já viu uma final mundial de algum jogo específico? Tem um chamado League of Legends, conhecido como LoL, e a final de 2022 bateu recordes, superando 5 milhões de espectadores simultâneos. O vencedor ganhou mais de 2 milhões de dólares e o evento foi realizado em São Francisco, no Chase Center, com capacidade para mais de 18 mil pessoas, e lotou. Então, sim, jogar videogame pode se tornar um negócio, mas não é o que acontece na maioria dos casos. Vou dar alguns exemplos extremos para você ter uma noção do que vem acontecendo quando esse lazer, em vez de profissão, se torna um vício.

Há casos fatais para a pessoa viciada, como o de um homem na Coreia do Sul que passou três noites jogando, e depois de cinquenta horas seguidas de jogo, teve uma parada cardíaca.[18] E há casos que afetam quem não tem nada a ver com isso, como o do casal que estava viciado em um jogo no qual precisavam cuidar de um boneco e saiu para jogar por mais de 12 horas; quando voltaram sua filha de três meses havia morrido por inanição.[19]

Também vi um caso terrível de um filho que matou a própria mãe para poder jogar sem que ela o impedisse. Ele simplesmente pediu para ela fechar os olhos e atirou no meio da sua testa.[20]

* * *

Conversei com meu irmão enquanto escrevo, para perguntar o que ele pensa sobre esse assunto, já que ele era o único que tinha o costume de jogar on-line em casa, e chegava a virar a noite competindo com os amigos — muitos deles, inclusive, ainda jogam depois de adultos, e, enquanto alguns sofrem as consequências disso de forma mais expressiva, outros lidam bem e desfrutam do lazer de forma equilibrada. Por mais que hoje meu irmão não jogue mais como fazia na adolescência, ele disse que lembra que era muito legal, divertido e não dava trabalho, porque podia se juntar com amigos sem ter que sair do quarto.

Isso é bom, mas também é ruim, concorda? A ilusão de estar junto sem estar perto acaba distanciando as pessoas a ponto de um adolescente passar horas sozinho, alimentando relacionamentos virtuais que até fazem bem para ele, mas perdendo aos poucos a capacidade de fazer amigos no mundo real ou mesmo não combinando de encontrar as pessoas com quem joga porque "dá mais trabalho".

Outra coisa que meu irmão disse é que eram muitos os estímulos quando ele jogava, então, se continuasse jogando, poderia passar a madrugada inteira sem dormir, já que o jogo impedia que ele sentisse sono. Porém, quando desligava o computador, percebia que estava exausto e dormia direto. Ou seja, é um truque: você sente como se estivesse ativo, mas seu corpo na verdade está exausto; seu cérebro está sendo enganado enquanto você joga.

Quando falei com meu irmão sobre as situações extremas provocadas pelo vício em jogo, ele respondeu que acha que isso tem a ver com a personalidade da pessoa que joga. Eu concordo em parte. Tenho amigos que jogam todo dia e são pais presentes, excelentes profissionais, praticam esportes, mas acho que não dá para basearmos nossa opinião em exceções, seja para o bem ou para o mal. Nem todo mundo que joga vai se tornar uma pessoa violenta capaz de atrocidades, assim como nem todo mundo que joga vai conseguir tratar o jogo como um lazer secundário e ter uma vida equilibrada.

Acho que precisamos olhar para as estatísticas e entender quais são as tendências de comportamento da maioria e, a partir disso, dimensionar os riscos e descobrir o que fazer para diminuí-los com ações concretas, como estimular as crianças a praticar esportes desde cedo e adiar o acesso às telas

96 | *O jovem digital*

o máximo que conseguir, principalmente aos jogos on-line. Em 2018, a Organização Mundial de Saúde (OMS) incluiu na 11ª edição da Classificação Internacional de Doenças (CID 11) a chamada *gaming disorder*, que afeta 2% da população mundial (cerca de 154 milhões de pessoas), de acordo com o estudo publicado pelo Jornal de Psiquiatria da Austrália e Nova Zelândia*. Ainda nesse estudo, descobriram que adolescentes tem mais prevalência no vício do que pessoas mais velhas, homens engajam em sessões mais longas de jogo e têm mais problemas relacionados ao vício do que mulheres.

Outra coisa que ouvi do meu irmão quando comentei sobre o tanto de dinheiro que o mercado de jogos movimenta e os potenciais ganhos para profissionais de e-sports foi que a maioria das pessoas envolvidas não pensa em ser profissional ou o melhor do mundo; jogam para se divertir, para fazer amigos e passar o tempo. Ele citou casos de amigos que não tinham qualquer aptidão para esportes, ou que eram mais tímidos e excluídos socialmente, que se encontraram nos jogos. Ali eles podiam ser bons, ser aceitos, conhecer gente nova; é como se fosse outro mundo em que ser como eles era, na verdade, sinônimo de ser legal. Inclusive, vários amigos dele são pessoas maravilhosas, boas de coração, inteligentes e jogam há anos todos os dias por horas.

Como já falei algumas vezes neste livro: falar sobre o mundo digital é extremamente complicado, porque existem tantas nuances que é impossível abordar todas.

Proteja-se dos excessos

Não sei vocês, mas o mercado de e-games pode gerar o dinheiro que for: vou dar meu máximo, como mãe, para que meus filhos não desenvolvam o hábito de jogar. O principal fator é criar um ambiente e uma rotina que não dê espaço para que o vício se crie. Se a criança cresce praticando esportes com o incentivo e o exemplo dos responsáveis, se participa de atividades em grupo todos os dias, se não ganha um smartphone até a adolescência e nem tem um computador individual dentro do quarto, as chances de desenvolver esse vício são menores. O que não falta são estudos[21] falando sobre isso, e essas dicas não foram inventadas por mim, são o que os especialistas indicam, e eu prefiro acreditar neles.

Não é à toa que, hoje, a OMS reconhece o hábito de jogar videogames excessivamente como vício. É cientificamente comprovado que o processo de se viciar em jogos virtuais é similar a desenvolver uma dependência química, podendo ser comparado ao vício em heroína, por exemplo, no qual o nível de dopamina do organismo aumenta de maneira desmedida, fazendo com que a pessoa necessite cada vez mais da droga. Então, podem até me criticar por isso, mas é fato: o risco é alto demais para permitir que desde novas as crianças tenham acesso a jogos on-line. Deixar seu filho sem supervisão jogando por horas seguidas é expô-lo ao vício, que pode, sim, chegar a níveis extremos como mostrei.

Um psicólogo brasileiro chamado Cristiano Nabuco, coordenador do Núcleo de Dependências Tecnológicas da USP, alerta sobre os riscos que observa em seus pacientes. Nabuco contou em uma entrevista que uma mãe entrou em contato com ele porque o filho não parava de jogar. O menino estava jogando por 55 horas ininterruptas, urinando na calça, sem se alimentar; quando defecava nas calças, continuava jogando com uma das mãos e com a outra, tirava a cueca e arremessava pela janela.

O que uma mãe ou um pai pode fazer em uma situação que chega a esse ponto? Como expliquei, acredito que o melhor caminho é, desde o início, não permitir que haja espaço para o vício. De novo, me critiquem, mas vou seguir confiantemente com essa opinião, porque, além de não ser um tipo de lazer necessário, os danos causados são infinitamente maiores do que as possíveis vantagens. De qualquer forma, existe hoje núcleos especializados para reabilitação de pessoas viciadas em jogos virtuais, que acredito ser a melhor opção nos casos mais extremos de vício. Mas, se ainda for um caso contornável, talvez mudar o ambiente, limitar o uso dos dispositivos, inserir na rotina esportes e atividades em grupo, além de fazer programas em família e procurar um profissional em saúde mental para ajudar no processo, seja suficiente.

Para casos mais graves, existem hoje vários tipos de intervenções como terapia comportamental, eletroterapia, farmacoterapia e psicoterapia. Dentro desses grupos de intervenções, existem várias alternativas, como terapia

98 | *O jovem digital*

familiar, aconselhamento em grupo, exercício físico, estimulação transcraniana por corrente contínua, terapia cognitivo-comportamental, entre outros. Um estudo de 2023 da Front Psychiatry,[22] analisou vários estudos e pesquisas sobre as melhores intervenções para o transtorno de vício em jogos on-line, e os resultados lançam luz sobre quais são os melhores caminhos a seguir se você ou alguém que conhece está precisando de ajuda. Dentre os resultados do estudo, o aconselhamento em grupo, CBI (Intervenção Comportamental de Desejo), ACRIP (Programa de Redução de Impulsividade e Comportamento Relacionado a Jogos) e as intervenções de TCC (Terapia Cognitivo-Comportamental) de curto prazo tiveram um efeito significativo na redução da gravidade do transtorno. Quanto às consequências secundárias, como depressão, ansiedade e timidez, as intervenções mais bem-sucedidas foram a terapia cognitivo-comportamental e o aconselhamento em grupo interpessoal.

Mais controle, menos paciência

Já mencionei neste livro que a TV era praticamente o único passatempo digital que eu tinha quando era criança, e hoje esse canal de comunicação tem mais força entre um público muito específico e bem mais velho. Entre nós, jovens, ela foi substituída pelo YouTube e pela Netflix. Não é por acaso que a maior emissora do país entrou também no serviço de streaming — escolheu se reinventar e permanecer relevante, em vez de sumir, engolida pelos novos formatos de mídias digitais.

Esse contexto traz outra questão interessante para pensarmos. Antes, quando só tínhamos a TV, nossa única opção era simplesmente assistir ao que quer que estivesse passando, ou esperar até o horário em que o programa que gostávamos seria transmitido. Tinha que ter paciência e ponto-final. Hoje, o controle do que vai ser assistido e quando vai ser assistido é quase inteiramente do espectador. Por mais que isso pareça uma coisa boa, também significa que a paciência se tornou dispensável, e o imediatismo tomou seu lugar. Significa também que o responsável por impor os limites é o próprio indivíduo, e, convenhamos, os jovens não são tão bons assim em impor limites...

Shots de prazer

Confesso que enquanto escrevo este capítulo me sinto meio empacada. Estou demorando nele três vezes o tempo que demorei para escrever os anteriores. Não sei se é porque esse assunto mexe comigo como mãe, ou porque simplesmente é algo com o que eu mesma me identifico menos; só sei que está sendo desafiador.

Como criei ao longo desses anos uma comunidade de pessoas que pensa parecido comigo, decidi recorrer a elas para buscar inspiração e ideias novas. Então, abri uma live e comecei a perguntar quem tinha filhos, irmãos, enteados ou pessoas próximas entre 10 e 18 anos de idade, e depois perguntei o que achavam do lazer no contexto do mundo digital, quais são os perigos e benefícios na opinião delas.

Uma mulher, mãe de dois adolescentes, pontuou algo que achei muito pertinente e quis destacar aqui: ela comentou que "o lazer agora são prazeres rápidos". Antes você passava horas se entretendo com uma atividade específica, e agora, com as plataformas digitais repletas de conteúdos de menos de um minuto, o prazer vai e vem em segundos, liberando dopamina, o hormônio do prazer, e nos fazendo querer o próximo shot de hormônios que fará com que nos sintamos bem.

Os prazeres rápidos estão acabando com nosso cérebro, e nos viciando assim como qualquer substância que nos faça liberar dopamina — não por acaso, o exato mecanismo de todas as drogas. Ou seja, estamos nos tornando dependentes de prazeres rápidos.

Experimentando o vício

Como falei no início do livro, acredito que só conseguimos falar bem e profundamente sobre algo que nós mesmos passamos. Decidi voluntariamente me viciar no TikTok, que é a rede social com os prazeres mais rápidos que você pode imaginar, para analisar o que eu sentia e quanto tempo levaria para desenvolver uma certa dependência. Digo isso porque não tenho mais o costume de navegar por redes sociais como uma forma de prazer. (Lem-

100 | O jovem digital

bra que eu disse que mudei tudo na minha vida e reduzi o uso do digital drasticamente?)

Pois bem, comecei minha pesquisa no sábado, um dia que estava reservado para dedicar à escrita, mas eu não estava conseguindo render muito. Abri o aplicativo e comecei a navegar por ele sem limites e sem hora para parar. Fiquei umas três horas seguidas só assistindo a vídeos dos mais variados temas que você possa imaginar.

Aliás, está aí outro risco desse tipo de lazer digital: não existe um crivo exato do que vai ou não aparecer no seu feed, então uma hora pode ser um vídeo engraçado de uma família rindo, e o próximo ser um vídeo mostrando uma atrocidade, um acidente de trânsito, uma criança hipersexualizada ou uma pessoa aleatória falando coisas inapropriadas. Baseado no tempo que você passa assistindo a cada vídeo ou o quanto demora em cada tipo de conteúdo, o algoritmo vai armazenando seus interesses para mostrar mais daquilo que você assistiu e menos do que pulou. Até porque quanto mais os conteúdos forem do seu gosto, mais tempo você vai passar na plataforma, e mais dinheiro a empresa ganha.

O problema é que para deixar o algoritmo com a sua cara, e descobrir novos interesses, os aplicativos eventualmente mostram conteúdos que não tem nada a ver com o que você assistiu antes. Sendo uma jovem adulta, me assusto com o tipo de conteúdo que às vezes surge nesses aplicativos, que foge totalmente dos temas que me interessam e dos tópicos que procuro na internet; é nessas horas que aparecem vídeos impróprios, que surgem aleatoriamente no feed de qualquer pessoa só porque tiveram muitas visualizações de outros perfis.

Só que eu tenho o discernimento de criticar o vídeo internamente — denunciar o conteúdo se for preciso —, partir para o próximo e seguir com a minha vida, mas e uma criança de 11, 12 anos de idade? Pode ser que, depois de ver um vídeo de uma menina da mesma idade usando roupas curtinhas, fazendo movimentos sexualizados enquanto dança uma música cuja letra é inapropriada para uma criança, sem a supervisão de adultos, ela queira fazer igual. Se essa mesma criança começar a assistir a vídeos violentos, provavelmente vai normalizar a violência. Entende a gravidade de deixar crianças e adolescentes navegando na internet sem supervisão, direcionamento ou limites?

Voltando à pesquisa, o resultado foi que no mesmo dia eu já estava viciada. Além de abrir meu celular a cada cinco minutos para checar a rede, eu não conseguia parar de rolar o feed. Só para você ter uma noção, o dia seguinte também seria dedicado a escrever, e, quando acordei, fiz o que a maioria dos jovens faz assim que abre os olhos de manhã: peguei meu celular e fui ver vídeos. Fiquei mais de DUAS horas falando para mim mesma: "O próximo é o último, pronto", "Agora é pra valer! Assim que der 9h30 em ponto eu largo o celular" — e eu simplesmente não conseguia parar.

Essas plataformas são construídas por especialistas para serem o mais viciantes possível, para que você passe muito tempo dentro delas. São feitas para que você realmente não consiga sair. O cara que inventou o *scrolling* infinito — ou seja, a tecnologia que permite que rolemos o feed sem nunca chegar ao fim —, Aza Raskin, pediu desculpas 14 anos depois de ter inventado o recurso, que é um dos maiores responsáveis pelo nosso vício nas redes sociais. Em uma entrevista, ele falou que "é como se elas [as redes sociais] estivessem pegando cocaína comportamental e espalhando em toda a sua interface. E é isso que faz você ficar voltando, e voltando, e voltando".[23] A lógica do *scrolling* infinito é que, se não der tempo para seu cérebro acompanhar seus impulsos, você simplesmente continua, sem perceber a passagem do tempo ou que está viciado.

Aprender a criar

Falando sobre criatividade, em termos gerais, nossa capacidade de imaginação acaba prejudicada também. Pensa comigo: antes, quando queríamos brincar, o que fazíamos? Saíamos na rua, ou pegávamos brinquedos e começávamos com toda aquela invenção de histórias mirabolantes para que a brincadeira tomasse vida. Se uma criança não precisa imaginar o bonequinho falando com o outro, brigando e salvando o mundo, como ela vai conseguir desenvolver sua capacidade imaginativa? Tudo é entregue pronto; os vídeos e desenhos de canais infantis já têm toda a história contada e ilustrada, e a criança só precisa assistir; os brinquedos mais tecnológicos já falam, se movimentam e fazem tudo o que antes a criança precisava de alguma maneira simular.

A capacidade de imaginar está ligada tanto à criatividade quanto à esperança. Imaginamos algo antes de criar; tudo o que existe, antes foi pensado por alguém. Se essa pessoa não consegue mais pensar, a criatividade também sofre, e, se os jovens sofrem com a ausência dela, então o mundo todo perde, porque são as gerações mais jovens que têm o maior potencial para mudar tudo, para acelerar transformações e para questionar o *status quo*.

Nós somos os agentes da mudança, queremos que ela aconteça e queremos agora. Representamos novas linguagens e comportamentos; representamos a evolução. Nós somos o grupo que mais influencia o consumo — e que mais exerce influência em todas as áreas, na verdade. Somos aspiração para os mais jovens, e podemos ser — por que não? — inspiração para gerações anteriores também. Sem imaginação também não existe esperança, porque ela permite visualizar um futuro melhor do que o presente. Um mundo sem esperanças é um mundo perdido.

Mesmo com esse cenário, os jovens de hoje conseguem driblar essas dificuldades e criar coisas inimagináveis e extraordinárias, e é também por isso que eu tenho a certeza de que nossa geração não só é brilhante, mas repleta de indivíduos corajosos e capazes de impulsionar mudanças positivas e radicais para toda a humanidade. Se não fôssemos, como existiria Malala, por exemplo? Uma menina que lutou contra o Talibã para que outras meninas pudessem estudar. Isso é coragem.

Esse vício nos torna, sim, menos atentos e diminui nossa capacidade de manter o foco, por isso é normal vermos crianças pequenas que não conseguem esperar a propaganda passar para assistir a um filme, ou que vão ao cinema, se distraem nos trailers e pegam o celular. Como esperam que tenhamos paciência se tudo o que vivemos hoje não exige paciência? Como vamos manter nosso foco em uma atividade se nosso cérebro está viciado em estímulos? É difícil para nós, não é como se adorássemos isso.

Se sentar para ler um livro e a cabeça fugir do assunto trezentas vezes em cinco minutos? Olhar para alguém que está conversando com a gente e pensar "queria poder colocar você na velocidade 2". Quem mais se prejudica com tudo isso somos nós mesmos. E pasme: a culpa não é nossa, pelo menos não inicialmente.

Um jeito novo de fazer

O mundo digital afetou a todos, não só aos jovens, mas pessoas de todas as gerações. Um exemplo disso é a escola. Assim como os alunos, desde muito cedo, precisam aprender a mexer em tablets e plataformas on-line de ensino, os professores tiveram que mudar tudo o que sabiam sobre ensinar para se adaptar a essa nova realidade. Tem professores que são da geração X (1960-1980) ou até Baby Boomers (1945-1960) que lecionaram a vida toda usando giz e lousa, mas tiveram que reaprender o que sabiam para poder continuar exercendo sua profissão.

Na pandemia, pude ver de perto o que os professores passaram. Minha sogra é professora de Educação Física há mais de trinta anos, e sempre ensinou seus alunos em uma quadra, com utensílios físicos e o momento presente. Na pandemia, ela teve que se reinventar e começou a dar aulas on-line. Lembro dela ligando para meu marido e eu, que trabalhamos com audiovisual, pedindo ajuda para editar suas videoaulas para elas ficarem mais didáticas e atrativas para os alunos.

Não é fácil aprender um novo jeito de fazer algo que você até então dominava por décadas. E teve professores que não souberam como se adaptar, e infelizmente foram deixados para trás, porque a tecnologia e os alunos já não são mais os mesmos. Até perguntei para minha irmã, que ainda está na escola, o que ela achava da educação dentro desse contexto digital, e ela disse que tem dois lados, assim como tudo na vida (minha irmã, né?).

Ela falou que tem o lado bom, que é poder ter toda a matéria que o professor explicou nas aulas disponível no sistema de ensino que a escola oferece para os alunos, e que isso a ajuda muito na hora de estudar para as provas e manter a matéria em dia caso ela precise faltar alguma aula. O lado ruim é que os alunos, por saberem que podem consultar essa matéria on-line e que todo o conteúdo estará disponível, não prestam atenção na aula, não se preocupam em fazer anotações e deixam para estudar só com o

104 | O jovem digital

material disponível, se tornando mais preguiçosos e menos comprometidos com o momento da aula em si.

Eu sei que isso não tem a ver com lazer, mas é importante você saber que o contexto digital afeta outras gerações, e não apenas a nossa, e que essa história toda começou bem antes de nós nascermos.

A internet existe desde os anos 1980, e a primeira geração a realmente aproveitar as inovações digitais foi a dos millenials, que tiveram contato com os primeiros computadores e celulares e depois com smartphones, notebooks e todas as tecnologias que temos atualmente. Eles também estão viciados (lembra dos casos dos pais que estavam viciados em jogos on-line que contei mais acima?). Estão conectados, menos responsáveis e mais preguiçosos também. Isso não é exclusividade da nossa geração. Dessa forma, espero que a gente entenda que falar sobre como lidar com os riscos e oportunidades do mundo digital é um assunto que benefícia todos nós como sociedade.

Ninguém disse que seria fácil

O que isso tem a ver com responsabilidade? Quero deixar claro que, como mãe, me solidarizo com o desafio que é criar um filho em um mundo em constante mudança, mas precisamos, como responsáveis, nos prepararmos melhor para criar bem as gerações futuras, que precisam de nós. Existem muitos pais e mães hoje que são menos presentes na vida dos seus filhos, talvez porque deixar uma criança assistindo vídeos no celular ou jogando um joguinho on-line parece ser o caminho mais fácil e prático para exercer sua maternidade ou paternidade.

O que precisamos entender é que crianças merecem o mesmo respeito que qualquer adulto, e acredito que os pais mais jovens estão tomando consciência disso. Elas não devem ser bem-comportadas; devem ser preparadas emocional e fisicamente para se tornarem adultos seguros de si. São crianças, então vão ser inevitavelmente barulhentas, bagunceiras, expansivas, engraçadas e "sem filtro", e é tudo isso que as torna tão maravilhosas. Mas, sim, vivemos em um mundo que nos cansa, que nos faz acreditar que precisamos produzir o tempo todo e estar sempre conectados, e a tarefa de criar um ser humano parece fundir com toda essa carga imposta pelo mundo digital, que nos faz viver de maneira acelerada.

Eu sou mãe de duas crianças, então sei o quanto é cansativo; sei que criar, educar e preparar um ser humano para ser um adulto saudável é a tarefa mais difícil que existe — mas acho que precisa ser mesmo. Se os pais buscam facilitar isso, as consequências serão cada vez mais assustadoras, como já vemos. Se dar um celular nas mãos das crianças para evitar que façam bagunça dentro de casa é a saída que escolhem, então não podem esperar também que essas mesmas crianças se tornem jovens com conhecimento sobre seus limites no mundo digital, focados, resilientes, estudiosos e que gostam de passar tempo ao ar livre em vez de horas conectados. Uma coisa vai ser consequência direta da outra, é preciso escolher.

Uma psicóloga especializada em crianças me disse que, hoje em dia, uma coisa que observa na clínica são crianças chegando sem saber brincar. SEM SABER BRINCAR. CRIANÇAS SEM SABER BRINCAR. A psicóloga comentou que elas chegam e não sabem o que fazer com os brinquedos, porque não aprenderam. Quando eram pequenas, ninguém as forneceu o direito de aprender a brincar; roubaram isso delas em nome da própria comodidade.

São pais que deixam os filhos entretidos com o celular em todos os momentos possíveis, inclusive nas refeições (o que é algo terrível: prejudica a alimentação e causa danos para o resto da vida dessa pessoa), e quando os filhos demoram para comer, já que nem lembram que estão comendo, os pais simplesmente pegam a comida e dão na boca da criança, em vez de tirar o celular e estimular que ela faça isso sozinha, tanto para desenvolver a coordenação motora quanto para dar valor e observar o que está comendo.

Ou seja, a geração Z está foi e continua sendo criada por indivíduos que também são afetados pelo digital, e quem deveria proteger, impor limites e dedicar tempo à educação, ao desenvolvimento emocional e físico daqueles que ainda precisam de orientação, na verdade, está terceirizando essa tarefa aos celulares. Este livro tem um capítulo dedicado inteiramente aos pais, no qual eu proponho maneiras de eles ajudarem e serem ajudados, então vou parar esse assunto por aqui.

* * *

106 | O jovem digital

O resumo dessa ópera é que nós temos, sim, outras formas de lazer, e não devemos ser proibidos de usar o digital ou de nos divertirmos com amigos utilizando as redes sociais, mas existem certos tipos de lazer que estão criando uma epidemia de consequências muito mais sérias do que poderíamos imaginar.

Usar o digital como lazer pode estar atrelado a atividades positivas, como aqueles jogos de exercício, ou o momento em que pais e filhos jogam juntos uma vez por semana algum videogame, utilizando esses meios para educar e ampliar conhecimentos.

Pais, conversem com seus filhos, estimulem as crianças e adolescentes a terem lazer off-line e em grupo desde muito pequenos. Se eles já são jovens e você ainda pode limitar o que fazem, tome a decisão de mudar tudo. Ainda é possível recuperar o tempo perdido e redirecionar a juventude para um futuro melhor.

Instigue o diálogo, não fique no celular, veja o que pode adequar como forma de lazer em grupo, entre a família, estabeleça regras de tempo de uso para os dispositivos, e torne interessante para seus filhos estar perto de você. Vejam filmes juntos, viagem para lugares próximos e fale para convidarem os amigos. Matricule-os em algum esporte e comece a se exercitar você também, para dar o exemplo. Crianças e adolescentes são adaptativos e conseguem mudar seus hábitos com grande facilidade.

Então, se puder, mude o seu estilo de vida, o estilo de vida deles e a dinâmica familiar. Depois de um tempo, você e eles vão agradecer por terem feito isso.

Capítulo 7:

OPORTUNIDADES

Acho que a essa altura já está nítido que o mundo digital tem vários lados, alguns positivos e outros negativos. Quando aponto os malefícios, quero evidenciar que são provocados pelo uso desmedido, excessivo e sem orientação ou preparo psicológico para lidar com ele, e também pela falta de capacidade do próprio ser humano de lidar com os desafios propostos.

Tudo o que falei não é algo que inventei ou recém-descoberto. Li muitas pesquisas sobre o assunto escritas há dez, até 15 anos. Ou seja, os riscos estão sendo expostos há mais de uma década e mesmo assim não foram tomadas grandes providências em larga escala para solucionar os problemas.

Acredito que não podemos depender do outro para que algo seja feito; é preciso que nós, como sociedade — pais, filhos, adultos e jovens —, tomemos consciência do problema, sejamos responsáveis e escolhamos tomar atitudes em nossa vida para transformar essa realidade em uma que queremos viver. A internet e o mundo digital são neutros, são apenas tecnologias, é a forma como os utilizamos que vai ditar se vão ser bons ou não para nós.

De qualquer forma, falar sobre os potenciais malefícios e não mencionar o vasto mar de oportunidades proporcionadas pelo digital seria mais do que ignorar a realidade — estaria cometendo uma burrice. Seria pior ainda se justo eu fosse a pessoa que não menciona os benefícios do mundo digital, já que só estou escrevendo este livro porque o mundo digital me ofereceu as condições necessárias para prosperar, para ser reconhecida, para amplificar minha voz, para construir algo meu praticamente sozinha e com baixo

108 | O jovem digital

investimento e criar uma comunidade de pessoas dispostas a ouvir o que eu tenho a dizer.

Até porque *todas* as minhas empresas são digitais, desde a loja de roupas até a empresa de educação. Estou escrevendo esse livro em um documento on-line, editando em tempo real, apagando o que não faz sentido e reescrevendo da forma que acho melhor. Se tivesse que escrevê-lo antes do digital, eu demoraria anos, e não alguns meses até ter o livro pronto.

O meio digital é um mar de possibilidades e oportunidades; basta sabermos quais são elas e como aproveitá-las da melhor forma.

Facilitando a nossa vida

O digital transformou tudo, desde a maneira como lidamos com o dinheiro, a educação, nossos relacionamentos interpessoais, até a construção da nossa autopercepção e autoavaliação. O dinheiro que você tem hoje nem sequer existe no mundo físico. Eu não tenho ou mexo em uma nota de dinheiro há muitos meses (mais alguém?). Não sei se você consegue se imaginar voltando atrás e vivendo sem WhatsApp, Google, iPhone, Instagram, YouTube, aplicativos de banco, computador, smartphone, Waze... Olha quanto a vida se tornou mais fácil, mais cômoda e mais conectada. Eu juro que se você me largar no meio da minha cidade, não consigo chegar em casa sem o Waze.

A maioria das pessoas com as quais converso também fala que não conseguiria viver sem toda a facilidade que temos no mundo de hoje. Obviamente, isso é dentro do grupo de pessoas que têm acesso à internet, um smartphone, computador, o que não é a realidade de muita gente no nosso país e em outros países subdesenvolvidos. Por isso falar sobre o mundo digital é complicado, porque existem grupos que não têm acesso a ele. A vida dessas pessoas é mais difícil e limitada, e isso cria um abismo entre os nativos digitais e os grupos que acabam sendo excluídos do resto do mundo, das notícias, da globalização.

Tudo o que falei sobre a conectividade que o mundo digital proporciona, como o exemplo do menino solitário por ser diferente das pessoas do local em que vive, se sentir aceito e cultivar amizades que compartilham dos seus interesses, é exclusivo da galera que tem acesso ao digital. Quem não tem, acaba passando uma vida achando que é errado simplesmente ser do jeito que é, e não descobre que existem milhares de pessoas que o amariam e o admirariam sem mudar nem uma coisa sequer no que se é.

Fica mais fácil perceber as oportunidades e o lado bom do digital quando tentamos imaginar nossa vida sem ele. A gente adora reclamar, mas não passa um dia sem usufruir pelo menos de alguma coisa que o mundo digital nos proporciona, né?

Quando falamos de mundo digital, é extremamente importante pensar na tecnologia não de forma isolada, mas como parte do contexto geral. Ou seja, pensar que tudo o que conhecemos é impactado pelo digital, em vez de pensar no digital como algo separado do mundo. Até aqueles que não estão inseridos no digital são influenciados por ele, seja economicamente, no mercado de trabalho, seja nas relações pessoais.

O saber compartilhado

Para mim, uma das melhores coisas que o digital trouxe foi a inteligência coletiva. Esse termo foi criado por Pierre Lévy, filósofo francês que desenvolveu o conceito tanto por meio de reflexões filosóficas, históricas e sociológicas quanto da sua participação na criação de programas de computador. Ele diz que a inteligência coletiva é o conjunto de saberes compartilhados pela memória, pela percepção e pela imaginação, resultando na aprendizagem coletiva e na troca de conhecimentos.

Não sabemos de tudo, mas cada um de nós tem um conhecimento específico, e, quando unimos esses saberes, o extraordinário acontece. Este livro, inclusive, por mais que tenha sido escrito apenas por mim, na minha casa, sentada na frente do computador por centenas de horas, não é só meu. Ele reúne o conhecimento de muitas outras pessoas, como o filósofo Pierre Lévy, meus familiares e amigos que já se cansaram de ser entrevistados para que eu possa enriquecer minhas ideias sobre os temas abordados, as pessoas que me acompanham para quem eu também pedi opinião, os estudiosos de temas específicos que pesquisaram e escreveram artigos, cujo

110 | O jovem digital

conhecimento absorvi para desenvolver outras linhas de pensamento que não conseguiria formar sozinha.

Até quando falamos de inteligência artificial — e isso é uma coisa de que o Pierre fala também — estamos falando de inteligência coletiva, porque a IA navega pela gama de conhecimento de milhões de pessoas e os põe à disposição de outras. É um compartilhamento e uma troca de conhecimento. Acredito que não é possível fazer qualquer coisa sozinhos neste mundo, e a vida é muito mais rica e fácil quando podemos, através do digital, unir a nossa inteligência com a de tantos outros que compartilham as suas.

Este livro também é um produto da inteligência coletiva, e espero que contribua para enriquecer ainda mais o saber das pessoas que vão ler estas páginas. Essa união global de pessoas, pensamentos e conhecimentos fortalece nosso mundo e é o que nos faz avançar cada vez mais rápido. Não é só a tecnologia que avança em níveis exponenciais; nós também, como humanos, sabemos muito mais porque temos um acesso à parte do conhecimento que está disperso na sociedade, e é só por causa do digital que conseguimos uni-lo em um único mundo e disponibilizá-lo para milhões de pessoas.

Mais trabalho para muitos

Sobre as oportunidades de trabalho, então... é até difícil saber por onde começar. Antes, ter um negócio era tão mais difícil, a pessoa que tinha uma habilidade dependia totalmente do próprio talento e da sorte para ganhar dinheiro, e havia um limite tanto de horas como de capacidade de produção. Os artesãos produziam o que conseguiam no período de tempo que trabalhavam no dia e atendiam os poucos clientes, que eram do bairro, ou conhecidos. Até os artistas, que eram contratados para pintar um quadro ou criar uma obra, eram limitados ao quanto cada pessoa próxima a ele estava disposta a pagar.

O mundo digital transformou isso de formas inimagináveis. Hoje, mesmo que você comece produzindo aquilo que vende, consegue administrar seu negócio por meio de sistemas on-line, contratar pessoas qualificadas (já vamos falar sobre como o quanto isso também foi facilitado), promover seu negócio com um custo baixíssimo para uma quantidade de pessoas que não seria possível atingir sem o digital e criar um negócio de impacto, que mude sua realidade e a de todos que trabalham nele.

As redes sociais e as plataformas digitais não são apenas novos canais de venda direta, são essenciais para a divulgação de produtos, para atrair um público que talvez nunca conheceria seu negócio de outras maneiras, para estreitar o relacionamento com os clientes. O artista hoje não só consegue vender suas artes on-line comercializando a obra física pela internet, podendo enviá-la para qualquer pessoa ao redor do mundo, como também pode de fato digitalizá-la, tornando isso um negócio.

Quanto mais pessoas têm acesso à arte, mais valiosa ela se torna. Não são mais só as pessoas próximas que ditam quanto vale uma obra, mas todo um grupo ao redor do globo. As próprias NFTs, artes totalmente digitais, mostraram o quanto o valor da arte é subjetivo, já que uma obra que só seria disponibilizada on-line estava valendo milhões de dólares. O preço é alto não porque ela demandou muitos recursos ou um longo tempo de produção, mas porque milhões de pessoas decidiram que era valiosa.

Além disso, as redes sociais permitem que você, cidadão comum, detenha dados importantíssimos sobre as pessoas para quem vende. Se antes não dava para saber por que alguém não comprou de você, ou se existia algum padrão de comportamento no seu público, hoje é possível saber quem entrou no seu site ou no seu perfil, a faixa etária, os horários em que essas pessoas estão ativas, o gênero, o poder aquisitivo, os interesses, quais produtos compraram e centenas de outras informações. Isso facilita o trabalho imenso que é ter um negócio, e, ao facilitar, mais pessoas decidem empreender, o que gera mais consumo, mais empregos, mais dinheiro circulando e transformações em massa.

Empreender é possível

Um adolescente pode encontrar uma paixão e, em vez de precisar trabalhar em algo de que não gosta e de levar essa paixão como um hobby, agora consegue transformá-la em negócio e viver dela. Eu sou completamente fascinada pelo empreendedorismo, isso é meio óbvio, mas realmente é fas-

112 | O jovem digital

cinante ver a força e a resiliência que os empreendedores tem, a velocidade com a qual conseguem se reinventar e resolver problemas, sua criatividade, a capacidade inovadora e o quanto a facilitação para que mais pessoas empreendam tem o impacto de mudar a realidade de tanta gente.

Hoje, uma mulher que sofre violência doméstica e não conseguia sair da situação porque era financeiramente dependente (vamos falar só disso, não de dependência emocional e outros fatores) consegue aprender de graça on-line algum ofício, começar a empreender dentro de casa e conquistar sua independência financeira, que é o primeiro passo para conseguir ser livre. Se isso não é impacto, não sei o que é.

Por mais que não tenha nascido em uma situação de dificuldade, seja financeira ou emocional, eu jamais conseguiria ter um negócio se não fosse o digital. Meus pais não teriam dinheiro para me ajudar, eu não conseguiria cuidar do negócio, já que precisava estudar. Teria sido impossível alcançar o nível a que cheguei. Além disso, não conseguiria aprender tudo o que aprendi na internet, desde cadastrar um produto, fazer uma planilha, editar uma foto... tudo que foi necessário para que eu pudesse tocar meu negócio com independência e fazer dele um projeto de vida.

Ainda sobre trabalho, um dia desses recebi uma mensagem de alguém que simplesmente criou uma das empresas mais geniais que eu já vi, e que, pasme, não poderia existir se não houvesse o mundo digital. O negócio dele, chamado Infineat, usa sistemas e algoritmos para conectar empresas, ONGs e pessoas que precisam de alimento, garantindo que não haja desperdício para o que está perto da data de validade. As empresas se beneficiam fazendo um trabalho social, as ONGs têm uma fonte mais previsível de fornecimento de alimentos e as pessoas em situação vulnerável não passam fome.

Em dois anos, eles já conseguiram redirecionar mais de mil toneladas de comida que seriam jogadas fora para pessoas que precisam. Isso corresponde a 1,8 milhão de refeições. Note o poder que a tecnologia tem nas mãos das pessoas certas. Precisamos sim falar de riscos e de assuntos em que devemos prestar mais atenção, mas o mundo digital é maravilhoso e revolucionário, porque torna esse tipo de coisa possível também.

Aprendendo na internet

Como eu disse, se não fosse pelo digital, eu não teria aprendido quase nada que aprendi fuçando na internet, coisas essas que foram essenciais não só para meu negócio, mas para que eu me tornasse a Isabela que está escrevendo este livro hoje.

Na época em que abri meu primeiro negócio, eu tinha 12 anos, e, como estava me inserindo no mundo da moda, quis fazer cursos livres para aprender mais sobre esse universo, desenho, modelagem, costura, e não podia porque a idade mínima era de 16 anos. Eu ficava inconformada por negarem o conhecimento a uma pessoa só porque ela não tinha uma idade específica.

O que eu fiz foi aprender o que conseguia na internet, já que ninguém próximo de mim entendia do assunto. Esse caso é até ok, porque eu tinha acesso para aprender de outras formas, mas o jogo mudou drasticamente não para pessoas como eu, mas para todos que não tinham como adquirir o conhecimento de forma alguma, não só pela idade.

Outro dia eu estava em um evento em que fui palestrar, e um menino me abordou falando que se inspira na minha história e que tinha criado uma marca de roupas. Adorei aquilo e comecei a conversar com ele. O negócio dele começou com 270 reais, que pegou emprestado da família e de amigos próximos, de dentro da favela. Não tinha suporte financeiro, não tinha conhecimento, mas tinha acesso à internet, que foi onde aprendeu tudo o que sabe hoje. O negócio dele cresceu, ele ganhou um prêmio nacional e atualmente emprega exclusivamente pessoas que também vêm da favela. A qualidade dos produtos é incrível, ele vende por meio de um site para todo o Brasil e divulga seus produtos nas redes sociais.

Busque seu espaço

Se o jovem desse exemplo precisasse abrir uma loja física em um ponto bem-localizado por onde passem muitas pessoas interessadas no produto que ele vende, e da grana que é necessária para divulgar uma empresa no

114 | O jovem digital

off-line (panfletos, boca a boca, banners, outdoors, TV, comerciais), é possível que nunca tivesse nem começado. Não só esse menino, mas centenas de pessoas teriam perdido com isso, tanto as que foram empregadas por meio desse negócio quanto as que puderam comprar um produto de qualidade mesmo estando longe de onde a produção ocorre.

Hoje você consegue enriquecer com uma facilidade infinitamente maior do que antigamente. Me fala de outra época da humanidade em que os jovens eram mais ricos do que seus pais, em que tinham mais oportunidade de crescer na vida e enriquecer do que eles. Se a gente parar para pensar, os jovens de agora têm mais oportunidades, porque são os que utilizam melhor os meios digitais.

Por exemplo, entre as pessoas que são mais famosas nas redes sociais, que transformaram a própria imagem, o conteúdo e a criatividade em um negócio rentável, não são os mais velhos que se destacam e ganham dinheiro, são os jovens. Não quer dizer que os mais jovens são os que mais vão ganhar dinheiro entre todos, mas sim que o digital criou possibilidades e oportunidades que antes não existiam.

Antes, os adultos trabalhavam e os mais jovens iniciavam a vida ativa profissionalmente mais tarde — isso, é lógico, quando não estamos falando de famílias pobres, nas quais as crianças já trabalhavam (e, em muitos casos, ainda trabalham) em subempregos para ajudar em casa.

Antes, demorava algumas gerações para que uma família pudesse ter uma vida melhor. Os pais tinham que trabalhar uma vida toda para que seus filhos pudessem ter oportunidades melhores de estudo, para que fossem os primeiros a conquistar um diploma universitário e a ter uma qualidade de vida diferente. Hoje em dia, há muitos exemplos de filhos que fazem isso pelos pais, sem recorrerem a subempregos e sem precisarem parar de estudar. Filhos que conquistam a liberdade financeira ainda na adolescência, utilizando os meios digitais, e compram a casa que seus pais sempre sonharam ter. É muito difícil pensar em outra época em que isso era possível, de forma mais expressiva como é hoje, com um monte de casos que poderíamos citar.

É impressionante, e isso não acontece porque o jovem de hoje é necessariamente mais capaz ou inteligente do que os de antigamente. Isso acontece porque existe o mundo digital, que oferece mais oportunidades para enriquecer, criar novas conexões e se tornar uma pessoa global, que sabe o que está acontecendo ao redor do mundo e aproveita as oportunidades assim que surgem para se tornar informado em tempo real sobre tudo o que acontece. Isso enriquece o repertório e torna infinitamente maior o número de oportunidades que você tem.

E qual é o grupo mais apto a mexer, entender e navegar pelo mundo digital? Exatamente, os jovens. O jovem digital nasceu nesse contexto, parece que já veio ao mundo sabendo fazer tudo o que os outros grupos precisam se esforçar muito para aprender. Você já viu vídeos de crianças e bebês de um ano mexendo no celular? Passando com os dedinhos de um lado para o outro da tela, trocando de vídeos, jogando joguinhos?

Por mais que isso seja meio assustador para nós, é exatamente essa habilidade desenvolvida precocemente de conviver e manipular o digital que torna o jovem muito mais capacitado para aproveitar todas as novas oportunidades. E, a partir do momento que se é mais capacitado para aproveitar as oportunidades, as chances de ter uma vida mais próspera são maiores.

Lembrando que estamos falando dos jovens digitais, ou seja, daqueles que nasceram nesse contexto de mundo, que estão causando essas mudanças, mas também que são de um grupo social que tem acesso à internet, a smartphones, um grupo social seleto. Mais da metade da população mundial não tem acesso à internet, então, por mais que tenhamos avançado em diversos sentidos, vivemos, sim, em uma bolha.

Mudanças do bem

Esses jovens digitais, mesmo sem representarem o grupo mais expressivo do mundo em números, são, de longe, os que causam mais impacto global. São os agentes da mudança e das transformações. São eles que clamam por coisas e as adquirem, porque sabem usar o digital como um meio de se unirem ao redor do mundo inteiro. Antes, você se juntava com um grupo de amigos e conhecidos locais e ia marchar em um grupinho na rua em busca de mudanças. Hoje, não. Vivemos em um contexto em que é possível orga-

116 | O jovem digital

nizar protestos por meio das redes sociais e causar impactos significativos, como os protestos do grupo ativista da liberdade digital, o Anonymous, que já derrubaram ditadores.[24]

Assim como em todas as gerações, são os mais jovens os principais agentes da mudança. São eles que rompem com o que está previamente estabelecido e criam algo novo, então é natural que nós também façamos isso. Por mais que esse rompimento assuste, é ele que traz tantas oportunidades.

Vamos imaginar uma senhora chamada Maria, nascida na geração dos Baby Boomers, que se aposentou e sua aposentadoria não permite que ela viva uma vida confortável. Maria adora fazer crochê, e confecciona, em casa, roupas e acessórios. A neta adora as peças que ela faz e sugere que a avó venda algumas, dá dicas de peças que estão mais em alta, ajuda a criar um site e a ensina a gravar vídeos e a tirar fotos para postar nas redes sociais.

Maria acha tudo isso muito diferente e até se assusta, mas decide tentar, já que crochê é algo que ela ama e o dinheiro poderia ajudar nas despesas. Ela pode fazer os produtos de crochê na própria casa, vender pela internet e ganhar uma renda dez vezes maior do que sua aposentadoria. Ela não só teria uma qualidade de vida dez vezes melhor como encontraria um novo motivo para viver, se sentiria útil e valorizada, coisa que não acontece com a maioria dos idosos, infelizmente.

Essa senhora, então, para de se sentir excluída da sociedade nessa nova realidade, porque o mundo digital engloba todos que o acessam. Não é um mundo exclusivo dos jovens nem das crianças; hoje, ele é para todas as pessoas. Todas as gerações se beneficiam das oportunidades que são geradas por meio do digital, e precisamos, sim, falar disso.

Já falei aqui que foi só por causa da internet que pude ter acesso a conhecimentos que transformaram a minha vida. Eles não só me permitiram ter um negócio como promoveram mudanças em mim que me tornaram a pessoa que eu sou hoje. Inclusive, a grande maioria do que estou transmitindo aqui para você veio por meio do digital.

Só que eu sou uma jovem que teve acesso tanto à educação quanto à internet e às informações nela desde novinha, e tive o privilégio de ter uma

Oportunidades | 117

formação para saber o que buscar e como buscar na internet — porque não adianta só ter o conhecimento disponível; precisamos também saber como acessar esse conhecimento.

* * *

Agora imagine outra menina em uma outra realidade, que não teve acesso à educação em primeiro lugar. Uma jovem que não foi instruída sobre como utilizar os meios digitais a seu favor, que não teve uma educação focada em formá-la como um indivíduo preparado para aproveitar todas essas oportunidades citadas. Essa jovem, por meio do digital, mesmo sem ter tido um incentivo externo, consegue ter acesso a conteúdos que mostrem para ela a importância desse tipo de educação, e eventualmente se torna capaz de suprir essa prévia falta de instrução e criar novas oportunidades para si mesma.

Na internet existem cursos gratuitos de praticamente todos os temas que você possa imaginar. Hoje, um jovem cuja realidade só permite que seu único recurso seja a internet, que não teve a oportunidade de cursar uma faculdade pública e não pôde ingressar em uma instituição de ensino superior, consegue se profissionalizar com base em conteúdos gratuitos na internet.

Estudar ficou mais democrático

No YouTube você encontra vídeos que ensinam a fazer praticamente qualquer coisa, vídeos ajudando jovens com questões psicológicas, de especialistas, pesquisadores, cientistas, professores das melhores faculdades do mundo dando uma aula gratuita. E o jovem que é determinado, aquele que sabe qual caminho quer seguir, consegue, com a ajuda desses conteúdos, se tornar um profissional excelente — às vezes, um profissional até melhor do que aqueles com mais privilégios, que cursaram o ensino superior. Obviamente, para isso, o primeiro passo é o letramento digital. Ter acesso à internet, saber o que pesquisar e como navegar pelo digital é fundamental para que isso tudo seja possível.

118 | O jovem digital

Não me entenda mal, sou sempre a favor da educação. Eu acredito que, sempre que você tiver a oportunidade de escolher a educação, deve aproveitá-la, porque tem muita gente que não tem acesso a esse tipo de recuso e que daria tudo para ter. Então, para essas pessoas que falam "Não faça faculdade, Mark Zuckerberg largou a faculdade e é bilionário!", eu primeiro diria: Vamos começar lembrando que ele largou Harvard, tá? Calma. Mesmo assim, todos os casos como o de Mark Zuckerberg são exceções à regra e não devem servir como um modelo a seguir nesse aspecto. Não acho que você deveria largar uma faculdade se tiver como continuar nela, porque o estudo e a educação sempre agregarão muito na sua vida.

Porém, com o digital, o fato é que o jovem que naturalmente não teria a oportunidade de acessar certo nível de educação passa a ter. Ele passa a poder estudar, a aprender uma profissão nova, a se educar. E não só ter aulas com qualquer pessoa; é possível aprender com os caras que escrevem os livros que são lidos em faculdades renomadas. Esse jovem consegue ter uma aula, ou várias, com essas pessoas ímpares e geniais de forma gratuita ou pagando um valor mínimo perto das oportunidades que surgem a partir desse conhecimento.

Isso significa que a educação passou a ser democratizada dentro do grupo com acesso à internet. A educação, que antes era restrita para quem tinha dinheiro para estudar em bons colégios a fim de criar uma base muito boa para cursar o ensino superior, hoje está disponível também para pessoas que talvez não tenham recursos, mas têm acesso à internet, letramento digital e que estão dispostas a estudar e aprender com tudo aquilo que está disponível on-line.

Eu usei esse recurso durante toda a minha vida, e ainda uso. Enquanto escrevo o livro, faço uma relação de tudo o que gostaria de falar sobre cada assunto e depois vou pesquisando sobre os temas na internet para aprender mais e acrescentar outros conhecimentos que os enriqueçam. Assisto a vídeos no YouTube de especialistas, psicólogos, cientistas, filósofos, pesquiso artigos na internet e tudo isso gratuitamente. Sabe a teoria das necessidades de Maslow que citei antes? O original era superdifícil de ter acesso, estava em um livro que não era fácil de achar, mas hoje consigo ler baixando um PDF em questão de minutos.

Oportunidades | *119*

Isso permite que eu e todas as outras pessoas possamos enriquecer nosso conhecimento e nos tornar profissionais mais valiosos e, inclusive, indivíduos mais sábios. Esse interesse por buscar novas informações nos torna seres humanos que conseguem ter mais autoconhecimento, porque buscamos nos instruir e temos acesso aos melhores profissionais de saúde mental falando sobre como podemos lidar melhor com a vida. Passamos a nos conhecer mais porque temos mais acesso à informação. Obviamente isso jamais substituirá o acompanhamento profissional, mas ajuda demais as pessoas que buscam o autoaperfeiçoamento através da educação.

Se partirmos do pressuposto de que todos que navegam na internet têm acesso às mesmas informações e ao mesmo conhecimento — obviamente ignorando as disparidades de oportunidades que ainda existem no nosso mundo, que é machista, homofóbico, racista e classista —, podemos dizer que aqueles que querem mesmo mudar o destino de suas vidas conseguem. Antes era impossível, hoje, ainda é difícil, mas é possível. É lógico que pessoas em situação de vulnerabilidade social têm mais dificuldades, menos oportunidades, menos conexões com personalidades influentes, mas, hoje, pelo menos têm algumas das ferramentas necessárias para a transformação.

Isso implica um número maior de jovens que não teriam chance alguma tendo a oportunidade de se inserir nas conversas, de saber o que está acontecendo, de opinar sobre o mundo, de lutar por mudanças. As minorias também tinham muito menos poder do que têm hoje. São essas que sempre sofreram e que, graças ao digital, hoje têm voz para lutar pelo que acreditam — e essa voz é impactante.

Encurtando distâncias, aumentando o alcance

Sua voz faz a diferença porque não é mais só a voz de um grupo minoritário dentro de um espaço físico, mas a voz de milhões de pessoas que representam as minorias ao redor de um país, de um continente ou do mundo inteiro. Então, pensar em oportunidades é também pensar em criar mais espaços de acesso para as pessoas que sempre sofreram exatamente por não tê-las. É refletir sobre o impacto que a internet causou na vida de milhões

120 | *O jovem digital*

de pessoas que talvez demorassem gerações e gerações para conseguir mudar, um pouquinho que fosse, a realidade da própria família.

Além disso, o mundo digital simplesmente facilita a nossa vida, em todos os aspectos. Como comentei no começo deste capítulo, é difícil imaginar uma vida sem todas as facilidades que o mundo digital proporciona. Quando estamos sem internet por algum motivo, praticamente surtamos, não conseguimos trabalhar no computador, assistir a uma série, ver o que está acontecendo no celular, aí que a gente vê que o FOMO (*Fear of Missing Out* — o medo de perder algo importante quando não estamos on-line) é real.

Eu moro em uma cidade perto da cidade de São Paulo, mas preciso pegar um trecho de estrada quando tenho algum trabalho na capital, e só de imaginar ter que dirigir por essa região sem meu aplicativo de navegação me dá calafrios. Até conversei com um motorista sobre o fato de nós ficarmos menos atentos aos caminhos porque sabemos que podemos contar com esses recursos de localização. Imagina o esforço que seria ter que chegar a um lugar do jeito antigo? Abrir um mapa físico e se orientar nas ruas por ele. Eu lembro que meus pais se perdiam o tempo todo antes do GPS, era muito mais difícil. E os aplicativos de música? Não sabemos ouvir música de outro jeito. Somos totalmente dependentes do digital.

Hoje também conseguimos estar perto de quem está distante fisicamente. Eu queria falar com meus pais sobre o livro, saber a opinião deles sobre o que escrevi em um dos capítulos e, por mais que eles estivessem do outro lado do mundo, simplesmente fiz uma chamada de vídeo pelo celular e conversamos como se estivéssemos no mesmo cômodo.

Eu trabalho muito, e, por mais que a maior parte do meu trabalho possa ser feita em casa, tem vezes em que preciso estar longe dos meus filhos, às vezes até por mais de um dia. Não sei se já deu para perceber, mas sou uma mãe bem coruja, e em questão de algumas horas longe já sinto uma saudade de corroer o peito. O que eu faço? Ligo em um minuto e converso com eles, vendo o que eles querem me mostrar, e consigo me fazer presente mesmo que não consiga estar perto. Pais, filhos, irmãos, amigos, namorados, cônjuges não conseguiam matar essa saudade das pessoas que amam se precisassem ficar longe por qualquer motivo, e hoje podem.

A oportunidade de ser plural

Quando falamos de oportunidades que o mundo digital trouxe, para mim, uma das mais significativas é a capacidade que nós, jovens, temos de expressar nossa individualidade. Conseguimos fazê-lo de formas completamente diferentes, em ambientes diversos, e encontrar outras pessoas que partilham de interesses e identidades parecidas com as nossas. Como a geração X era e ainda é apaixonada por estereótipos, sofremos tentando mostrar que nossa visão de mundo é diferente. Estereótipos não são legais para nós, expressar a nossa individualidade, sim. Essa ideia de como temos que ser, na verdade, é algo que limita nosso potencial como indivíduos.

Assim como falei que não queremos ser uma coisa só no trabalho, nós também não queremos ser uma coisa só na vida. Nossa individualidade não é única, é múltipla. São várias as coisas que nos fazem ser como somos. Eu quero ser empreendedora, escritora, cantora, pintora, pensadora, filósofa, marketeira, estudante, professora, palestrante, mãe, filha e o que mais puder.

Nós não só queremos ser um monte de coisas ao mesmo tempo: já somos. E, se tentarem tirar tudo isso, que me faz ser eu, e me reduzirem apenas à empreendedora, que é o que acontece muito no nosso mundo, eu deixo de ser eu e passo a ser apenas um produto.

Querendo ou não, a maioria das pessoas que estão em posições de liderança das empresas é da geração X ou millennial (a menos que a empresa seja nossa); como elas amam nos colocar em caixinhas, buscam nos reduzir a uma coisa só, o que causa um grande sofrimento, porque, se tentamos nos definir apenas por uma coisa, sentimos que estamos arrancando todas as outras partes que constroem nosso eu. É como se uma parte de nós morresse, e não aceitamos mais isso.

Não consentimos que fiquem arrancando pedacinhos de nós, matando parte de quem somos, só para terem uma imagem mais coerente com o que outras gerações criaram a partir de uma opinião baseada em saudosismo. As pessoas mais velhas constroem uma imagem do que esse jovem específico deveria ser, como ele deveria se comportar, o que é certo e o

122 | *O jovem digital*

que é errado, como ele deve falar, agir, pensar, e se comportar, sem levar em conta que esse jovem é muitas coisas ao mesmo tempo e que é exatamente isso que o torna tão fascinante. Aliás, se quebrassem um pouco essa paixão por estereótipos, entenderiam que nós, jovens, com a nossa multiplicidade, podemos enriquecer a vida e compartilhar saberes tanto quanto qualquer um.

Podemos transformar essa nossa inconformidade e a vontade de quebrar padrões em uma grande oportunidade para que outras gerações também não aceitem ser limitadas. Oportunidade para que outros também não se reduzam ao cargo que exercem ou à profissão que escolheram, mas aprendam a explorar mais a si mesmos e a expandir quem podem ser, ao invés de reduzir.

Minha mãe começou a fazer aula de pintura em porcelana. Era uma arte que ela sempre admirou — pratinhos pintados à mão e essas coisas, mas ela pensava que talvez fosse "tarde demais" para aprender uma coisa nova, especialmente algo que seria um hobby e não um negócio. Como sabia que ela queria isso, eu a incentivei e ela seguiu seu desejo e começou a frequentar as aulas. Logo na primeira recebi uma ligação por chamada de vídeo toda orgulhosa, me mostrando o esboço de uma borboleta que pintou em um prato. Ela estava radiante. Só o fato de descobrir uma nova paixão, por mais que ainda não fosse boa naquilo, já a fez enxergar que tinha mais dentro dela do que imaginava.

Não são só os jovens que são múltiplos, que gostam e sabem fazer muitas coisas; pessoas de todas as gerações são assim. A única diferença é que às gerações anteriores não foi permitido expressar isso. Mudanças muito importantes, que nos permitem, inclusive, reivindicar nossos direitos hoje, foram feitas por jovens de gerações anteriores que não se deixaram ser colocados em caixinhas. Talvez, por também não gostarem da ideia de reprimir partes de si mesmos para caber em estereótipos, mas não terem tido a oportunidade ou o contexto para desafiar isso, que parte dessas gerações fiquem tão inconformadas e raivosas quando nós fazemos o contrário.

Mas não seria muito mais interessante trocar esse sentimento por um de pertencimento e oportunidade? "O que será que eu posso aprender com esse jovem, que nasceu em um contexto diferente e pensa diferente de mim?" Será que olhar para nós de forma mais amigável e com respeito não é mais enriquecedor para todos? Será que, assim, as pessoas de outras gerações também não poderiam aprender a ser mais livres e corajosas?

Capítulo 8:

COMO LIDAR? (PARA O JOVEM)

Quem é um jovem digital e está lendo este livro provavelmente está pensando "nossa, é assim mesmo que eu me sinto" ou "será que, se meus pais lerem este livro, vão me entender melhor?". Mas talvez também esteja pensando "tá, e o que eu faço com tudo isso?" (eu seria a pessoa do último grupo). Este capítulo é justamente para responder "o que fazer com tudo isso".

É meio triste e também legal que, para escrever o livro, e especialmente este capítulo, eu tenha passado por quase todos os desafios do mundo digital: ansiedade, depressão, crise de personalidade, insegurança, distorção de imagem, vazio existencial, imobilidade frenética, cyberbullying e burnout (credo, fiquei com pena de mim só de ler). Triste porque é meio deprimente que uma jovem de 24 anos tenha passado por tudo isso tão cedo na vida, mas pelo menos posso falar sobre o que aprendi com cada um desses desafios e contar que eu vivo uma vida muito mais realizada, equilibrada e próspera utilizando o digital ao meu favor, em vez de me permitir ser escravizada por ele. Se passar por tudo o que passei servir para te ajudar a viver melhor, então valeu a pena.

O primeiro ponto que você, jovem, precisa entender é que o mundo digital não é algo ruim, é apenas um meio para infinitas possibilidades que podem tornar a sua vida muito melhor. Porém, para aproveitá-las, é preciso ter autorresponsabilidade, saber olhar para si mesmo, para sua vida e para o que você faz com um olhar sempre focado em "o que posso fazer, onde posso melhorar e como é possível aprender?" em vez de ser espectador da

Como lidar? (Para o jovem) | 125

própria vida, buscar culpados e colocar a responsabilidade nas costas dos outros, sem nunca se olhar no espelho.

Se você só segue a onda do que todo mundo faz, provavelmente será como todo mundo e chegará aos lugares em que todo mundo chega. Não confunda isso com querer ter uma vida épica; eu odeio esses papos. Acho que você não precisa querer ser famoso, o presidente ou o melhor do mundo em algo. Se quiser, ótimo, mas não acho que todos nós precisamos.

Se tudo o que deseja é uma vida simples, então busque ter a melhor vida simples que puder. Ser o melhor marido, esposa, filho, filha, pai, mãe, namorado, namorada, amigo, amiga, profissional que vocÊ possa ser. Ter autorresponsabilidade é ter vontade de evoluir como pessoa, de buscar a excelência de si mesmo — como diria Aristóteles —, em vez de terceirizar a sua vida para os outros. Sabe aquelas pessoas que são excelentes em achar culpados, mas a culpa nunca é delas? Então, o que está acontecendo é que nossa geração tem muito mais gente assim. Pessoas que terceirizam a responsabilidade, em vez de assumir e aprender com ela.

Seja o protagonista

Quando você age dessa forma no meio digital, é provável que acabe dominado por ele em vez de aprender a dominá-lo para o seu bem. Todas as pessoas que você vê com muito sucesso em suas áreas, e também com sucesso na vida pessoal, são pessoas que escolhem ser protagonistas, por mais que isso signifique mais responsabilidade e mais sofrimento, porque também significa mais recompensas. São pessoas que não culpam seus parceiros pelo que fizeram e que também não culpam as redes sociais por serem muito viciantes; elas vão lá e mudam o estilo de vida para que seja impossível se viciarem. Aprender a ser mais assim vai te transformar em uma pessoa inquebrável. Antifrágil.

Defina seu limite

A primeira atitude prática para viver melhor é aprender a limitar seu tempo de uso das telas. Não é fácil, porque cada uma das redes sociais e plataformas

126 | *O jovem digital*

é construída pensando em ser o mais viciante possível. Seria muito mais tranquilo se pudéssemos simplesmente escolher passar menos tempo, mas a realidade é que estamos viciados.

Ok, e o que podemos fazer sobre isso? O primeiro passo é ter autorresponsabilidade. Olhar para si e para sua vida e se perguntar: "O que eu quero pra mim?" Se, ao se perguntar isso, você chegar à conclusão de que não deseja ser um viciado, não quer ser uma pessoa que não pratica esportes, com a saúde fragilizada, menos capacidade de foco e atenção, e perceber que quer utilizar o digital como ferramenta de transformação, as atitudes que deve tomar passarão a ser diferentes.

Somos privilegiados por nascermos em uma época que permite que nosso talento e sonho se tornem uma carreira lucrativa e nos fornece todas as ferramentas necessárias para prosperar. Mas, se não aprendermos a limitar nosso tempo, tudo isso será em vão.

Quando falo de limitar o tempo, é tanto utilizar ferramentas do próprio celular que te ajudam a ficar consciente sobre seu tempo de uso quanto mudar seus hábitos para transformar todos os aspectos da sua vida. Não adianta usar menos o digital e ficar ocioso durante todo o tempo disponibilizado, sem hobbies ou exercício físico... O limite de uso tem que estar atrelado a uma mudança de comportamento geral.

Olhe para o lazer primeiro como algo que você fará com outras pessoas no mundo off-line: se encontrar com amigos, jogar, praticar esportes, ler um livro, escrever, pintar, cantar, dançar... isso é o que vai te tornar uma pessoa socialmente ativa, pertencente a um grupo, com mais saúde física e mental e qualidade de vida.

Por mais que acreditemos que as redes sociais nos aproximam e nos tornam mais sociáveis, no geral, não é bem isso que acontece. Quando estiver navegando em uma dessas redes, pare por um momento e reflita qual é seu objetivo ali. Tem algo mais interessante que você poderia estar fazendo? Talvez você só queira relaxar um pouco e dar umas risadas, tudo bem, ou talvez queira analisar conteúdos porque isso te ajuda a ampliar seu repertório. Apenas saiba o motivo. Não navegue pelas redes sociais sem objetivo, porque você sabe bem que vai passar horas ali e absolutamente nada vai mudar na sua vida além de ficar mais ansioso, frustrado, com dor de cabeça e visão cansada. Quando você olha para o digital como um lazer secundário, como uma fonte de conhecimento ou ferramenta de trabalho, sua postura muda.

Novos hábitos: faça um esforço

Para diminuir o uso, também é muito importante que você crie um ambiente que te ajude a ter os hábitos saudáveis que você quer ter. Não deixe o celular do lado da cama, não olhe para ele até determinado horário da manhã. Não durma assistindo TV ou mexendo no celular — isso atrapalha seu sono, lembra?

Quer acordar cedo e fazer um exercício de manhã? Então deixe a roupa pronta antes de dormir, ao lado da cama, e o celular, longe. Assim que o despertador tocar, você abrirá os olhos, talvez com raiva porque quer continuar dormindo, mas verá a roupa que deixou ali e terá que levantar para desligar o despertador. Nesse momento, você vai lembrar que fez isso por si mesmo um dia antes, é o que você quer, por mais que seja difícil no começo.

Parece bobo, mas faz toda a diferença. Nossos hábitos são construídos a partir de atitudes diárias, e o começo é o mais difícil mesmo, por isso tanta gente passa uma vida com os mesmos hábitos ruins e não consegue mudar. Não é fácil mudar um hábito, principalmente quando ele é construído em cima de um ecossistema viciante e de um contexto que estimula o vício.

Uma pessoa que fuma, e que está habituada acordar, tomar uma xícara de café e fumar um cigarro sentada em uma cadeira específica, quando tentar parar com o vício, vai, inevitavelmente, sofrer no período manhã, quando for tomar o café e olhar para a cadeira. Se ela passar a tomar o café saindo de casa, em outro ambiente, talvez tenha menos vontade de fumar do que se continuar fazendo os mesmos movimentos, repetindo a mesma rotina. Com o digital é igual.

As primeiras coisas que você faz ao acordar ditam o resto do seu dia. Se você abre os olhos e já entra em alguma rede social, a primeira liberação de dopamina que terá no dia será por meio do prazer que sente com os conteúdos rápidos. O que acontece é que, durante o resto do dia, você vai

128 | *O jovem digital*

buscar essa dopamina no mesmo lugar em que encontrou de manhã, e não mexer no celular será muito mais difícil. Porém, se acordar, arrumar seu quarto, lavar o rosto e fizer algum exercício físico, por mais que seja uma caminhada leve, vai treinar seu cérebro a buscar dopamina nessas coisas: na disciplina, na ordem, na organização, no exercício. Isso fará uma grande diferença na sua vida no longo prazo.

Talvez no primeiro dia seja horrível, e no segundo e no terceiro também, mas depois de uma semana você vai começar a gostar, porque disciplina é liberdade. Eu sei que parece que o que te torna livre é não ter rotina, poder "fazer o que quer na hora que quer", mas, na verdade é isso que te aprisiona. Quando você não tem disciplina, se torna um prisioneiro dos seus vícios, hábitos ruins, impulsos, desejos momentâneos.

Como pontuou Kant, o filósofo mais difícil de entender e o mais genial quando você finalmente entende, a disciplina é a única forma de atingir a verdadeira liberdade, porque ela permite que sua vontade seja guiada pela razão e pela adesão a princípios universais, em vez de governada por impulsos e desejos momentâneos. (Só para deixar claro, não coloquei aspas porque ele falou de um jeito muito mais difícil e refinado do que isso, mas a mensagem é basicamente essa.)

Comece de algum jeito

Sabendo disso, quais são, então, as mudanças que você pode fazer no ambiente para construir novos hábitos melhores e finalmente conseguir se tornar disciplinado rumo aos objetivos que tem para si mesmo?

Um exemplo besta que eu faço e que me ajuda: só posso assistir a um filme ou a uma série e deitar na minha cama para relaxar quando termino as tarefas necessárias do dia. Ou seja, tem dias em que posso relaxar às 18 horas com meus filhos e outros em que durmo sem conseguir esse momento, porque termino o que preciso fazer muito tarde. Esse tipo de regra que estabeleci para mim mesma não só me ajuda a ter disciplina como permite que eu encontre formas de ser mais produtiva, sem perder tempo no momento das tarefas e, consequentemente, ganhando mais tempo depois.

Lembre-se: tudo o que é fácil agora será difícil depois. Não existe atalho para o sucesso, seja material ou pessoal. Não existe atalho que te faça conseguir alcançar seus objetivos profissionais e também se tornar uma pessoa mais legal e evoluída. O trabalho terá que ser feito, e encontrar prazer em fazer o que precisa ser feito porque foi uma escolha sua é a maior liberdade que se pode ter.

Aquilo que é difícil hoje vai tornar sua vida mais fácil amanhã. Guarde esse pensamento em um lugar especial e você tomará decisões bem diferentes todos os dias da sua vida. As atitudes que você toma que são muito fáceis, em vez de te gerarem prazer, vão disparar um alerta na sua mente: "Ué! Tá fácil demais, vai me dar trabalho depois."

Não existe colheita sem plantio, e, se você estiver plantando arroz, espere colher arroz. A ilusão de plantar algo ruim e colher algo bom é o que usam para te convencer, mas não caia nessa, porque não acontece assim com ninguém. Talvez, então, você pense: "Mas fulano fez isso de errado e a vida dele está o máximo." Bem, talvez ele tenha conquistado uma Ferrari, mas pode também estar sozinho nela, sem amor, parceria ou amigos verdadeiros. Todas as pessoas íntegras e que têm sucesso no que realmente importa na vida são aquelas que trabalham consistentemente para colher o que plantaram.

Existe prazer off-line

A segunda prática é algo que eu já falei, mas preciso reforçar: ter hobbies fora do digital. Tudo bem estar on-line, desde que você também tenha momentos de prazer fora dele. Se tudo o que gosta de fazer te obriga a estar conectado à internet, reveja sua vida. Eu, por exemplo, adoro pintar. Não sou uma boa pintora, mas amo pintar quadros abstratos.

Quando estava em uma fase de muita ansiedade, busquei uma aula de pintura. De primeira achei que não ia gostar, mas, quando cheguei e só tinha eu e mais quatro pessoas com mais de sessenta anos, eu soube que era o meu lugar. Eu colocava uma música clássica no meu fone (olha o mundo digital aqui) e me desligava, focava totalmente o quadro e o momento.

Isso me trazia uma paz inexplicável, eu passava o resto do dia mais calma, concentrada, focada, relaxada... ajudou muito na ansiedade e me senti extremamente feliz por conseguir desenvolver um hobby que eu queria há séculos, mas nunca arrumava tempo para fazer.

Hoje tenho dois desses quadros pendurados na minha casa e meus filhos amam falar que "foi a mamãe que fez!". Criar algo novo do zero, com as próprias mãos, é mágico.

Eu também amo cantar, e, por mais que tenha escrito e gravado uma música autoral, não pretendo seguir a carreira de cantora. Isso não significa que preciso parar de cantar, porque me faz bem. É só um hobby e está tudo certo com isso. Eu canto no banho, pela casa, no carro, quando me sinto angustiada, aproveito o prazer que me traz e uso como mais uma parte minha que me faz ser eu.

Se você gosta ou tem curiosidade sobre alguma atividade fora do digital, esse é o momento de ir atrás. Aprenda algo novo, aproveite sua própria companhia, tenha hobbies que serão apenas hobbies e explore esse lado seu para não perdê-lo.

Outra coisa que ajuda muito é escrever. Escreva o que pensa e sente, e você vai começar a notar que não só escrever será mais fácil como falar e pensar também. Como uma ansiosa de carteirinha, sei que muitas vezes, quando nos sentimos angustiados e alguém nos pergunta "O que foi?", não sabemos responder porque nem nós sabemos o que estamos sentindo. Mas, acredite, essa angústia não é sem motivo; o problema é que seus pensamentos estão bagunçados.

Escrever os pensamentos traz ordem para a cabeça, e torna mais fácil lidar com os sentimentos e emoções e saber como comunicar suas necessidades para o outro. Se você vive em meio à bagunça mental, não consegue se ajudar quando está mal e também não consegue receber ajuda de outra pessoa, escreva o que está pensando, tente descrever seus sentimentos e o porquê de se sentir assim, o que gostaria de mudar, aquilo que não gostou de ter feito, o que se orgulha de ter conseguido fazer no dia. Utilize a escrita como uma ferramenta de autocuidado, eu garanto que vai mudar a sua vida.

O esporte é um hobby que você precisa ter fora do digital. Qual esporte poderia praticar? Pode ser ir na academia fazer musculação, ou talvez você deteste isso e prefira outra coisa. Natação, tênis, corrida, crossfit, jiu-jítsu ou outra luta, dança, ioga ou até mesmo uma caminhada. Existe tanta coisa que você pode fazer para movimentar seu corpo e acalmar a mente.

A caminhada — que mencionei que faço — é um ótimo esporte, faz bem para o corpo e para a mente, e geralmente é possível de encaixar em meio a rotina. Você pode acordar um pouco mais cedo e caminhar, ou no fim do dia andar perto de onde você mora para espairecer a cabeça e manter seu corpo em movimento. Talvez no começo seja meio chato, mas com o tempo esse pode se tornar o seu momento de respirar, voltar ao tempo normal--não-acelerado do digital e só sentir que está vivo.

Às vezes, seu hobby pode vir a ser algo que você nem sabe que gosta de fazer. Um exemplo: eu nunca pensei que fosse gostar de *beach tennis*. Nem sabia que isso existia, até que me gerou curiosidade um dia, chamei uma amiga e nós fomos juntas. No começo, eu era horrível, não sabia nem pegar direito na raquete e não entendia o que estava rolando, mas o tempo foi passando e hoje eu amo, pratico com frequência e ainda socializo com alguém que gosto. Só que a maioria das pessoas não tem uma quadra de *beach tennis* perto de casa, não é um esporte muito acessível, e nesse caso você pode adaptar para o que funcione na sua rotina.

Quando eu ia de ônibus para a faculdade, tinha que caminhar um quilômetro e meio até o ponto de ônibus. Era uma caminhada matinal que eu me forçava a curtir — e aprendi a fazer dela o meu momento. A rua onde eu pegava esse ônibus é bem longa e legal de passear em São Paulo, então na volta, quando tinha um tempo maior, saía do caminho no começo dessa rua e andava mais quatro quilômetros até chegar em casa. Esse hábito me fez um bem enorme durante o tempo que consegui praticá-lo. Talvez descer do ônibus um ponto antes para andar um pouco já seja o suficiente para você começar.

Às vezes é melhor não dizer nada

Outra questão muito importante é aprender a agir com segurança, ética e responsabilidade dentro do ambiente digital. Sabe aquelas pessoas que

132 | O jovem digital

fazem comentários terríveis na postagem alheia? Que se sentem no direito de criticar, xingar e ofender, simplesmente porque não gostaram do que o outro disse, da forma como o outro fala, daquilo que acredita ou como se expressa? Não seja essa pessoa.

Saiba que ter ética é agir de acordo com o bem comum, é entender os princípios morais que devem orientar nossas escolhas e ações, considerando não apenas o bem individual, mas também o bem coletivo e o impacto de nossas ações sobre os outros. Ética sempre foi e, hoje, mais do que nunca, ainda é um tema extremamente necessário, já que vivemos em um momento no qual todos podem ter opinião sobre qualquer coisa e expô-la para que outras pessoas vejam.

Você não sabe pelo que o outro está passando. A forma dele expressar a própria individualidade pode não ser a que você acha legal, mas talvez o jeito como você expressa a sua também não seja visto como algo positivo por outras pessoas. Há aquelas que não gostam do jeito como você se expressa ou da forma como pensa, mas é importante que saibam respeitar, assim como você deve aprender a respeitar as diferenças que existem.

Se você não tem nada de bom para dizer, então não fale nada, não escreva, não comente. Ética tem a ver com fazer o que é o melhor para o bem comum, ou seja, para o máximo de pessoas possível. Só assim é possível viver em sociedade de maneira saudável, e prosperar como indivíduo e como grupo. Não tem como prosperarmos se estivermos uns contra os outros.

Se eu escrevo um livro intitulado *O jovem digital*, é porque tenho certeza de que nós somos uma geração capaz de nos unir para o bem geral, mas a sensação que tenho é a de que, cada vez mais, nós estamos usando nossas próprias inseguranças para atacar o outro. Eu sei que isso é fruto de uma deficiência emocional. Nós estamos fragilizados, carentes e egocêntricos, mas é um esforço que temos que fazer para não sermos pessoas ruins e jogarmos fora todas as oportunidades que estão na nossa frente.

O digital não é algo bom ou ruim, é uma tecnologia que não tem uma inclinação moral de certo ou errado, ela é o que fazemos com ela. Ou seja, se o digital será bom ou ruim, somos nós que vamos dizer. Somos nós que fazemos uso dele. Então, você precisa entender que cada ação que decida praticar dentro do ambiente digital, assim como na sua vida off-line, gera consequências, e uma vez que você é responsável pelo que fala e pela forma como age, também é responsável por escolher se vai ou não fazer mal ao outro.

Cada vez que sentir vontade de comentar algo que sabe ser antiético, pense no motivo de estar fazendo isso. Escreva sobre esse sentimento e vai descobrir que, na verdade, era muito mais sobre você.

Quando você é uma pessoa bem-resolvida e segura de si, não sente necessidade de diminuir ou criticar ninguém para se sentir melhor. Se tem essa consciência, passa a focar sua energia em construir a melhor vida que pode para si mesmo e para os que estão ao seu redor. Saber nutrir uma relação mais saudável com o digital não é só bom para você como é essencial para que possamos nos unir e ter forças para provocar as mudanças que todos nós sabemos que são necessárias no mundo em que vivemos.

Proteja-se

Aja com segurança! Se quer conhecer estranhos porque eles compartilham interesses em comum com você, ou se interessa por essas pessoas porque as acha bonitas, legais, inteligentes, engraçadas, faça isso com segurança. Não vá sozinho encontrar alguém que conheceu na internet, não marque encontros em ambientes que te deixem vulnerável. Você acha que sabe quem está do outro lado da tela, mas talvez não saiba.

Hoje em dia existem milhares de meios pelos quais as pessoas conseguem mascarar suas identidades, desde predadores sexuais até indivíduos ruins que querem fazer o mal por qualquer motivo. Não seja ingênuo de pensar que com você não vai acontecer. Talvez possa ser com você sim, e, em vez de terceirizar a responsabilidade da sua segurança para seus pais, que ficam sem dormir, preocupados, é mais fácil você mesmo ter essa consciência. Saiba se proteger e busque os meios necessários para fazer isso.

Viva aqui e agora

Aprenda a estar presente no momento. Quando nos tornamos viciados no digital, a tendência é sermos cada vez mais distantes emocionalmente. Você

134 | O jovem digital

está ali, mas não está totalmente ali. Sua cabeça está pensando em outra coisa, na mensagem que deixou de responder, naquilo que tinha que fazer, no que alguém postou ou deixou de postar... e, quando a nossa mente está em milhões de lugares ao mesmo tempo, o único lugar no qual ela não está é no presente.

Se você está com alguém, então esteja, de verdade, com essa pessoa, seja quem for. Às vezes pode ser seu filho, seus amigos, seus pais, seus avós, seu namorado, professor, marido, sua esposa — quem quer que seja, esteja presente no momento que compartilha com ela. A cada minuto em que deixa de aproveitar o presente, você, na verdade, está deixando de viver, então observe em volta, sinta o cheiro do lugar onde você está, olhe, ouça o que a outra pessoa está falando em vez de só esperar o seu momento de falar. Estar fisicamente em um lugar mas com a mente distante é o mesmo que estar ausente.

* * *

Como consequência do mundo digital, somos imediatistas, mas querer acelerar a vida é uma loucura que só um jovem seria capaz de querer. A vida já passa rápido demais, e não aproveitar o tempo das coisas porque se está sempre querendo tudo agora é desperdiçá-la.

Você já viu o filme *Click*? Antigo, eu sei, mas pensa no que acontece no fim da história. O cara passou a vida toda acelerando os momentos que considerava dispensáveis e, no fim, tudo o que ele queria era voltar para viver e aproveitar cada um deles durante o máximo de tempo possível. Ele queria voltar, mas não podia. E nós também não podemos. Algum dia seus pais e amigos vão embora, seus filhos vão crescer e você não vai conseguir voltar. Então, por mais que isso soe como aquele papo chato de mãe, preciso dizer: reflita sobre isso.

Você se lembra o que comeu ontem? Se lembra da conversa que teve com um amigo? Lembra do que seus pais falaram na semana passada? Se você estava só esperando sua hora de falar ou se estava esperando o momento passar e pensando em outras coisas, é realmente difícil de se lembrar. Eu já fiz muito isso e, quando percebi, me doeu o coração. Trabalho muito, e todos os meus negócios são digitais, então, naturalmente, preciso estar mais ausente do que gostaria da vida dos meus filhos (por mais que eu trabalhe de casa, é o que falei, estar presente de corpo e alma), e, quando fui olhar vídeos e fotos antigas, do nada o sentimento veio: meu Deus, passa rápido mesmo.

É o que meus pais sempre me falavam, que eu detestava e pensava: "Lá vem o papo sobre a vida ser um sopro e passar tudo muito rápido". Pois bem, a vida é um sopro e tudo passa muito rápido. Meu filho não cabe mais nos meus braços como cabia, e parece que foi literalmente ontem que ele nasceu. Minha filha tem vontades próprias e eu lembro como se fosse hoje a primeira vez que peguei ela no colo.

Passa rápido, e, se não estiver prestando atenção, você esquece. Não consegue lembrar da voz, do rosto, do cheiro, porque não estava realmente ali. Então, aprenda a viver no único tempo que existe, que é o agora, e aproveite isso com tudo o que tiver. Até o momento que não é bom te ensina algo se você está presente de verdade.

Ouça os outros, mas ouça de verdade. Faça perguntas e deixe o outro falar, porque ouvindo o que o outro diz é que passamos a conhecê-lo de verdade. Portanto, esteja presente, 100% presente.

Larga o celular, põe ele de lado mesmo, quando estiver em um momento que sabe que é importante. Quando criar esse hábito, você vai ver que sua posição perante o digital não vai ser mais de "minha vida está ali", e sim de "minha vida está aqui, ali estão minhas oportunidades".

Você precisa se exercitar

Eu sei que já citei os esportes quando falei de hobbies, mas é sério, você precisa se exercitar. Vi um médico falando sobre a importância do exercício físico na nossa vida, ele começava o vídeo falando que, se uma pessoa é obesa, mas pratica exercícios físicos todos os dias, ela tem menos chances de ter problemas na velhice do que alguém com peso normal que não se exercita. Depois ele fala que, se uma pessoa que fuma e bebe álcool de vez em quando se exercitar todos os dias, tem menos chances de ter problemas na velhice do que alguém que não tem esses vícios, mas também não se exercita.

136 | O jovem digital

Obviamente é melhor não fumar nem beber, manter uma alimentação e um estilo de vida saudáveis e se exercitar todos os dias, mas esse exemplo mostra o quanto o exercício físico diário é fundamental para que vivamos melhor hoje e também no futuro. E, de novo, quando eu falo de exercício físico, não estou falando que você precisa se tornar um maratonista. O que precisa é se movimentar, pegar peso, criar músculos e construir um corpo forte que vá te sustentar durante toda a sua vida.

Além de isso te ajudar na velhice, para que você consiga se sentar, se levantar, ter sua independência e não precisar de ajuda com atividades básicas, também te ajuda a viver uma vida melhor no presente, tanto em termos de disposição quanto na saúde mental. Quando você se encontra em algum esporte, principalmente um que te envolva em um grupo, você passa a compartilhar dos valores e do estilo de vida desse grupo. Em vez de querer sair para a balada e beber até o dia seguinte, provavelmente vai buscar o esporte como lazer e mudar seus hábitos para ser mais parecido com o grupo.

Seus objetivos estarão dentro de um contexto de saúde, não de doença, e, quando isso acontece, você começa a colher todos os benefícios de uma vida mais saudável. Você vai perceber que estará se tornando uma pessoa menos ansiosa, mais disposta, com mais saúde e vontade de seguir pelo caminho certo. Começar algo novo não é fácil, mas, repito, tudo que é difícil agora tornará a sua vida mais fácil depois.

Escolha só o que te faz bem

Saber filtrar os conteúdos que você consome também é fundamental. Se você viu um conteúdo e ele te fez mal, seja porque você sentiu inveja ou ficou desconfortável ou com raiva, então esse tipo de conteúdo não é para você. Nós temos um instinto que nos aponta para a direção certa, só que estamos tão distraídos e confusos que não conseguimos senti-lo nem ouvi-lo. Saiba que, se algo parece errado, é porque provavelmente é.

Passe mais tempo off-line e sua intuição voltará a falar com você. É aquela sensação que temos (e que não conseguimos explicar muito bem) que nos diz se devemos ou não fazer uma coisa. Nem sempre vamos segui-la, mas é essencial que consigamos ouvi-la e tentar deixá-la nos orientar o máximo que pudermos. Tem conteúdos que só atrapalham a sua vida, e, quando você se deparar com algum deles, simplesmente saia na hora e não veja, não consuma, siga em frente com a sua vida como se ele não existisse. O seu foco precisa estar voltado para si e para a vida que você quer construir. Essa é a única forma de nos libertarmos do vício e de nos tornarmos verdadeiramente livres.

Outra coisa: não se permita ser enganado. Digo isso porque, sim, vão tentar te enganar o tempo inteiro. Manchetes sensacionalistas, notícias falsas ou deturpadas, e caberá a você buscar ou não a fonte de tudo isso e checar a veracidade das informações. Vão noticiar acontecimentos da forma que mais atrair atenção e não necessariamente da forma mais verdadeira. Se você quer usar o digital para se tornar uma pessoa mais inteligente e informada, então questionar e ter a disposição para buscar o que é verdade é fundamental. Viu uma notícia sobre alguém? Então pesquise, procure saber a raiz dessa notícia. Ou, se não tiver fundamento, ignore e não passe adiante.

Já falei aqui e vou repetir: nós vivemos em um mundo liderado por corporações, e a mídia não seria diferente. O que vender mais é o que vira notícia, e o título que gere mais cliques será o escolhido. Busque a história completa no Google, em veículos confiáveis, e leia mais de um link para entender o que aconteceu de fato. Não se contente com o que uma pessoa falou, questione e vá atrás da verdade se for importante para você. Não permita que te alienem com suas meias-verdades.

Eu sei que é mais fácil ler apenas a *headline*, o título da manchete, e acreditar que já entendeu o que foi dito, mas saiba que os títulos, em sua maioria, são *clickbaits*, ou seja, feitos para caçar o maior número de cliques possível. Se você basear seu conhecimento nisso, então estará, sim, cada vez mais desinformado, superficial e burro.

Leia livros

Sabe o que é melhor do que ler notícias? Ler livros. Enquanto escrevo estas dicas, só consigo pensar que "virei meus pais", mas entendi que, se nossos

138 | *O jovem digital*

pais ficam repetindo essas coisas para nós, não é por acaso. Se todos que são mais velhos estão repetindo os mesmos conselhos, é porque eles sabem de algo que não sabemos ainda. Somos diferentes deles? Sim, mas tem certas coisas que sempre funcionarão para todos os seres humanos, e ler livros é uma delas. A leitura não serve só para você falar quantos livros já leu, mas para te ajudar em vários aspectos da sua vida. Alguns benefícios são:

- aumenta o foco;
- aumenta a criatividade;
- estimula a capacidade imaginativa;
- diminui a ansiedade;
- amplia o repertório;
- acalma;
- reduz o estresse;
- melhora a comunicação;
- ordena os pensamentos;
- aprimora a escrita.

Quando finalmente percebi que a leitura me ajudaria em tudo que eu precisava, decidi que iria ler um livro por mês. Coloquei isso como meta de virada de ano, sabe? Era 2018, e naquele ano eu li o total de um livro. UM MÍSERO LIVRO, e nem foi inteiro.

Sabe qual foi meu erro? Eu só comprei livros que tinham a ver com meu trabalho ou desenvolvimento pessoal. Ou seja, livros que não eram voltados exatamente para o entretenimento — pelo menos não o que eu precisava naquele momento — e que acabavam se tornando uma extensão do meu trabalho. Eu transferi minha obsessão por produtividade para a leitura, e é óbvio que não deu certo, porque, toda vez que eu parava para ler, sentia que na verdade estava estudando ou trabalhando, e, depois de um dia cansativo, essa era a última coisa que eu queria.

Segui sem o hábito da leitura até 2023, lendo um livro aqui e ali, sem terminar nem um sequer e fingindo que nada estava acontecendo. No ano de 2019, nem coloquei a meta dos livros, porque me convenci de que não era uma pessoa que lia. Isso até ganhar um Kindle de presente e comprar o livro *Estou feliz que minha mãe morreu*, da Jennette McCurdy. Eu simplesmente devorei esse livro em dois dias. Não queria nem olhar para o celular, porque a história me cativou tanto que o que eu queria fazer no meu tempo livre era ler mais dele, cada página dava mais vontade de ler a próxima, e percebi ali que a questão não era não gostar de ler, eu só estava escolhendo os livros errados.

Por mais que tenha um livro incrível sobre algum tema da sua área profissional, ele nunca vai ser tão gostoso de ler quanto um livro contando histórias, independentemente do tema. Quando comecei a escrever *O jovem digital*, eu sabia que, por mais que ele fosse uma reflexão filosófica, uma crítica social, uma mensagem de esperança e um manual para compreender o jovem, eu precisava também contar uma história. A minha evolução como pessoa precisava andar junto com o desenvolvimento do livro, porque ler histórias é mais legal do que ler fatos. Meu objetivo é que você aprenda muito com este livro, mas que também se divirta, chore, dê risada e mergulhe em reflexões internas que te tornem uma pessoa melhor.

Para criar o hábito da leitura, mescle aquilo que você sabe que te ajudará no seu desenvolvimento pessoal e profissional com leituras mais leves, divertidas e bobinhas que sirvam só para se divertir e criar um novo lazer fora do digital. Saiba também que a leitura deve ser leve e uma escolha sua; então, se um livro não te cativou e está te causando frustração ou aquela "sensação de saco cheio", largue ele para lá. Você não é obrigado a gostar de todo livro. Tudo bem simplesmente não gostar de um, não querer terminá-lo e seguir para o próximo.

Outra coisa que me ajudou, e talvez te ajude, é ter algum dispositivo como o Kindle que facilite a leitura no dia a dia. Foi usando o Kindle que consegui ler aquele livro em dois dias, porque é muito mais fácil de levar para os lugares. Óbvio que um livro físico tem uma certa mágica que esses dispositivos não têm, mas você pode talvez investir em ter as duas opções.

Pare de se comparar com os outros

Uma coisa que eu fiz que também me ajudou muito a lidar melhor com o mundo digital foi desenvolver o senso crítico para não me comparar tanto com os outros. Eu já sou uma pessoa muito autocrítica, o que significa que nenhuma crítica externa me abala, porque já fiz críticas piores a mim mesma antes. Para que inimigos se tenho a mim mesma?

Falando sério, além da autocrítica, também coloco muita pressão em mim mesma (hoje, com tudo isso que aprendi, muito menos do que antes, mesmo assim é mais do que a maioria das pessoas faz), e esse cenário junto com a comparação é a receita para dar merda. Não é para você rir, mas só para ter uma noção, isso era tão sério que até quando eu ia jogar um papel no lixo eu precisava dobrá-lo da forma mais perfeita antes de jogar fora. EU JURO!

Viver acabava sendo muito sofrido, porque cada coisinha gerava culpa e pensamentos autodepreciativos. Essa realidade não é exclusividade minha; muitos dos jovens digitais também são inseguros, autocríticos, cheios de culpa e colocam pressão em si mesmos o tempo todo.

Sabe o que a comparação — que as redes sociais tornam inevitável de acontecer — faz com a gente? Chuta, vai. Ela faz tudo isso explodir em níveis estratosféricos, e aí é óbvio que você vai se sentir um lixo, desmotivado e sem vontade de fazer nada.

Quando pegamos pessoas que são mais autocríticas e as colocamos no ambiente digital, no qual nos comparamos 24 horas por dia, estamos adicionando pressão na panela que já está quase explodindo. Uma hora ela naturalmente explode e fingimos não sabermos por quê. Talvez a maioria dos problemas que você viva hoje quanto a sua autoestima, insegurança, motivações, ansiedade, inveja, seja causada porque você se compara o tempo inteiro com os outros. E eu sei que só afirmar isso não vai te ajudar de fato, por isso vou te falar mais algumas coisas que vão mudar a forma como você enxerga e lida com a comparação.

A primeira coisa que você precisa fazer toda vez que se comparar com alguém é racionalizar o que está sentindo. O que essa comparação te gerou? Raiva, inveja? Agora vá mais fundo, porque esses sentimentos são máscaras para os verdadeiros motivos que escondemos dentro de nós. É necessário se aprofundar até chegar em algo como: "Eu senti inveja dessa pessoa que casou porque gostaria que tivesse acontecido comigo. Queria me sentir bonita como acho ela bonita. Sinto que não me amam, e, por mais que saiba que não sou uma pessoa muito agradável, já que estou sempre reclamando e falando mal dos outros, não estou conseguindo mudar isso e tenho medo de terminar sozinha e amargurada."

Deixe de lado o seu ego e assuma defeitos, fraquezas, medos, incertezas para que você entenda a raiz do problema e possa trabalhar nela. Se, em vez disso, só falar: "Achei horrível esse casamento, olha o vestido dela que feio", na verdade, estará mascarando todo o sentimento e perdendo a oportunidade de se conhecer e se tornar uma pessoa melhor. Isso é difícil, tá? Assumir para nós mesmos a nossa falha é um desafio gigante, porque não queremos ver que o problema e a solução estão dentro de nós. As respostas estão dentro de nós, mas, para encontrá-las, precisamos ter a coragem de enfrentar a nós mesmos.

A segunda é parar de seguir. Se acompanhar alguém te faz mal, porque gera um sentimento negativo cada vez que você vê algo que a pessoa posta, então pare de seguir, não veja, siga a sua vida acompanhando quem te faz bem. Talvez a culpa nem seja da pessoa, mas, se por algum motivo te faz mal e não te torna alguém melhor, então só deixe de segui-la. Não alimente sentimentos ruins dentro de você por motivo algum. Ponto-final. São os sentimentos bons que nos levam para lugares bons, não os ruins.

Isso me leva ao terceiro ponto: use as conquistas dos outros para se inspirar, não como motivo para se autodepreciar. Um pensamento capaz de te levar para a frente, por exemplo, seria: "Que legal isso, como posso fazer para conquistar algo parecido? O que será que essa pessoa fez e faz para chegar nesse lugar?" Use o sucesso do outro como inspiração para que você siga seu próprio caminho para o sucesso. O que o outro faz só diz respeito a ele. Você não precisa definir ou medir seu sucesso pelos parâmetros de outra pessoa.

Procure por coisas boas que possa usar para melhorar a si mesmo e ignore as ruins. Se eu fosse me comparar com as pessoas no universo de coisas que faço, estaria ferrada. A noção de sucesso delas é totalmente diferente da minha. Elas querem uma vida épica, o Porsche do ano, falar quantos milhões fizeram e se gabar de suas conquistas como forma de diminuir os outros. Eu quero uma vida simples, com um carro grande para que a família toda possa andar junto, que ninguém saiba quanto dinheiro tenho, e quero usar ele para minha família e pessoas que precisam.

142 | O jovem digital

Mostro minhas conquistas com a felicidade de uma criança que chega em casa contando para os pais que tirou nota boa na prova. Compartilho minhas conquistas com a felicidade de mostrar o que é possível ser feito trabalhando de forma honesta, justa e disciplinada todos os dias durante anos. Não tenho nada a ver com eles, nem no jeito de falar, nas músicas de que gostamos, e, se fosse pautar meu sucesso no que é sucesso para eles, eu me sentiria um fracasso. Faz sentido?

O quarto ponto é entender que o que vemos do outro não é tudo o que ele está vivendo. Assim como você sabe de todas as suas falhas, defeitos, dificuldades, medos, inseguranças, o outro também sabe os dele, mas nem você sabe os dele nem ele sabe os seus. Essa frase pode parecer confusa, mas a ideia é que, ao comparar o 100% que você sabe de si mesmo com os 20% que sabe do outro, na verdade, é uma comparação entre duas coisas completamente diferentes. Já não é mais uma comparação justa.

É o que minha mãe sempre me falava desde pequena: nunca compare o seu bastidor com o palco dos outros. O palco é montado, as pessoas ensaiam para estar nele, só é colocado ali o que faz sentido para a peça. Quando você está no bastidor, tem um monte de coisa que não entrou no palco, coisas quebradas, uma escada que está jogada no canto, poeira. Tudo que está no bastidor construiu o palco, mas não é mostrado nele, então comparar essas duas coisas diferentes é ser injusto consigo mesmo.

A última coisa é compreender que, quando você escolhe focar a falta, está dizendo para tudo o que já tem que essas coisas não importam. Se só pensa que ainda não tem o carro tal, deixa de levar em conta que já tem um carro — e que talvez fosse exatamente o que sonhava ter algum tempo atrás. Se só olha para a frente pensando na próxima conquista, mas tem uma vida e a família ao seu redor, é como se você dissesse para eles: "Olha, vocês não importam, o que importa para mim é aquilo ali."

Viver para o futuro é deixar de viver o presente, e, se você não vive o presente, vai perder o que tem hoje, seja porque foi embora, seja porque cresceu. Procure ser ambicioso, mas sem esquecer de agradecer e valorizar HOJE tudo que já conquistou. Não adie sua felicidade pensando que "Eu só vou ser feliz quando...". Objetivos são feitos para serem atingidos, celebrados, mas aquilo que já tem precisa ser tão importante para você quanto o que você ainda quer ter.

Como lidar? (Para o jovem) | *143*

Imagine que você está em um barco, e a sua vida é um rio. O autoconhecimento é o remo que te permite guiar esse barco para onde quiser. Não refletir sobre a causa dos nossos sentimentos é como estar no barquinho sem um remo para escolher a direção que quer tomar e, em vez disso, ir para onde for levado.

Por último: aprender a viver a vida em vez de assistir os outros vivendo. Essa é a resposta que a minha irmã, nascida no ano de 2008, me deu, quando perguntei para ela sobre o que ela sentia quando passava muito tempo no mundo digital: "A minha sensação é que eu tô vendo os outros viverem a vida deles em vez de viver a minha vida. Vejo os outros fazendo festas e saindo juntos, em vez de sair em festas junto com meus amigos." Isso virou uma chave na cabeça dela, porque depois disso passei a vê-la se esforçando para estar sempre com os amigos, praticando esportes, tendo uma vida social mais ativa e ficando menos tempo durante o dia nas redes sociais.

Domine a cena

Você sabe o que faz o protagonista do filme ser o protagonista? Tempo de tela. Ele é o que mais aparece, e isso indica que é o personagem mais importante. Se, na sua vida, seu tempo está dedicado aos outros, ao que fazem, ao que acontece na vida deles, às fofocas, conquistas, problemas deles, então sinto te informar que o protagonista da sua vida não é você. O maior tempo da sua tela está dedicado a outras pessoas em vez de ser você o centro dessa narrativa. Reflita sobre isso.

Será que as pessoas que mais têm tempo de tela no filme da sua vida são você e aqueles que são importantes para você? Ou será que está dedicando esse tempo para ver a vida dos outros? Espero que pensar nisso te gere reflexões quando passar horas no celular rolando o feed, vendo o que os outros vão te contar sobre o que viveram, conquistaram, como se sentem, o que pensam. E você, não acha que sua vida, o que viveu, conquistou e aquilo que sente e pensa são mais importantes para você do que os outros?

Assuma o protagonismo da sua vida, seja você a pessoa com mais tempo de tela. Ninguém vai te salvar, ninguém vai fazer o que precisa ser feito no seu lugar. Chega de terceirizar sua vida. Reivindique o que é seu e assuma a responsabilidade.

Para finalizar, deixo aqui duas afirmações para quando você sentir que está se perdendo no mundo digital:

- Eu mereço o maior tempo de tela no filme da minha vida. Vou ser o protagonista da minha história.
- Melhor do que contar as histórias dos outros é escrever a minha.

Capítulo 9:
COMO AJUDAR? (PARA OS PAIS DE CRIANÇAS E JOVENS DIGITAIS)

Eu sei o que é ser mãe, embora ainda não saiba o que é ser mãe de um adolescente ou um jovem adulto. Mas sei o que é sentir a aflição de querer proteger, de querer que meus filhos fiquem felizes com a minha presença, de querer ter uma relação próxima e de confiança com eles, de querer fazê-los se sentirem amados, compreendidos, respeitados e protegidos. Eu sei como é desejar que o mundo seja muito bom para eles e também sei o medo que sentimos quando percebemos que isso não cabe só a nós.

Vemos muitos jovens tendo comportamentos completamente nocivos para si mesmos e para os outros, além de terem uma relação disfuncional com o digital, e acredito ser papel dos pais fornecer uma base sólida de valores, inteligência emocional, ética, moral, segurança, confiança e respeito, para que seus filhos se tornem jovens seguros e preparados para lidar com o mundo e as transformações que virão.

Por isso faço questão de dedicar uma parte deste livro aos pais. Aos mais velhos que, por mais que não sejam jovens digitais, são pessoas dispostas a aprender, melhorar e entender o que o jovem de hoje vive e a desenvolver a alteridade, em vez de só despejar as próprias opiniões, julgar e afastar cada vez mais os mais novos, em vez de tentar aproximá-los. As relações são construídas ao longo do tempo, e, se esse tempo e contexto mudam, para manter a relação com o outro precisamos entender de que lugar ele

146 | *O jovem digital*

está falando. Eu quero poder ajudar a criar relações mais respeitosas e compreensivas entre famílias, e a única forma de fazer isso é primeiro os pais de ontem entenderem os filhos de hoje.

Imponha limites desde cedo

O primeiro ponto que você, pai ou mãe, precisa entender é que a responsabilidade pelo seu filho durante todos os primeiros anos de vida dele é sua, que são, inclusive, os anos mais importantes para a formação da identidade dele. A primeira infância é essencial na construção da personalidade, confiança e autoestima do indivíduo que seu filho vai se tornar. Portanto, se você oferecer, até os sete anos, telas ao seu filho sem limite de uso, sem supervisão e, principalmente, como uma forma de lazer primário, estará matando grande parte do potencial que ele tem.

Eu sei que não é fácil criar um filho no mundo de hoje. Precisamos trabalhar muito e temos nossas próprias coisas para fazer, mas criar um filho deve ser o maior trabalho que você tem na vida. É preciso olhar para essa criação com zelo, carinho, responsabilidade, curiosidade e dedicação. Ao mesmo tempo que trabalhamos, inclusive para oferecer a melhor qualidade de vida possível para nossos filhos, é necessário que estejamos presentes de corpo e alma na vida deles, porque é disso que eles precisam mais do que tudo. Atenção, presença, limites, autoridade, companheirismo e orientação. Seus filhos precisam de você, e não dá para terceirizar essa função de jeito nenhum.

Ele precisa olhar para você e enxergar o maior exemplo do que ele pode se tornar. Se quer que seu filho seja bom, estudioso, responsável, atencioso, empático, seguro, você precisa ser todas essas coisas primeiro. O exemplo que você dá é o maior guia que seu filho terá.

Dito isso, o primeiro ponto que os pais precisam entender na hora de cuidar de seus filhos, jovens digitais, é que precisam existir limites no uso do digital. Esse limite não é apenas na quantidade de horas que ele passa online; são também limites na atitude e orientação na postura que devem adotar no digital.

Como ajudar? (Para os pais de crianças e jovens digitais) | 147

Se o seu filho tem um celular desde cedo e não teve nenhuma orientação sobre como usar o digital para benefício próprio, então é natural que ele use da forma como vê os outros usando. Vai imitar o que os amigos fazem, o que disseram ou ser um consumidor passivo que atende ao que os algoritmos entregam para ele. Assim como você precisa educar seu filho para ser uma pessoa que respeita os outros, consciente de si, do mundo, dos perigos e oportunidades, também precisa educá-lo para usar a internet.

É o que chamam de alfabetização digital. Seu filho precisa aprender a ler e escrever tanto quanto precisa aprender a usar um dispositivo digital e a usufruir, com segurança e responsabilidade, do mundo de possibilidades que existem ali. Se você mesmo não faz ideia de como utilizar o digital como meio de transformação, como espera que seu filho saiba? Os pais precisam ser os primeiros a se educar. É difícil, mas necessário. Se estudamos para nos tornarmos profissionais competentes, por que não estudamos para nos tornarmos pais competentes? Desculpe quebrar o cristal, mas o instinto materno e paterno nem sempre está certo.

O que mais vemos hoje são pais que gritam com seus filhos, educam na base do medo e não criam nenhum tipo de laço de confiança nessa relação. Se é o seu caso, saiba que seu filho não falar com você quando tem um problema é culpa sua, não dele. A confiança é construída no dia a dia, e, se você quer ser a pessoa com quem seu filho procura para conversar sobre aquilo que sente ou pensa, então precisa nutrir essa relação com sabedoria.

Como você espera ser a melhor pessoa para orientá-lo a navegar nessas plataformas se você nem procurou se capacitar para isso primeiro?

* * *

Ainda sobre limite de uso, você sabia que gigantes da tecnologia como Steve Jobs e Bill Gates limitavam o uso do digital pelos seus filhos? Os de Bill Gates ganharam um celular quando fizeram 14 anos, e mesmo assim o uso era limitado dentro de casa. Steve Jobs deu uma entrevista na qual perguntaram o que os filhos dele achavam do iPad, e ele respondeu que ainda não tinham usado, e que ele limitava o uso de tecnologia pelos filhos como forma de proteção. Até Mark Zuckerberg disse que só deixa os filhos navegarem na internet para objetivos muito específicos, principalmente o estudo.

148 | *O jovem digital*

Se os maiores nomes da tecnologia limitaram o uso desta dentro da própria casa, é porque eles estão bem conscientes do mal que ela faz a uma criança. Isso deveria pelo menos te fazer pensar. O ideal, segundo os especialistas na área, é que o limite de uso das telas seja total para crianças até dois anos de idade. Ou seja, ZERO tela. A partir disso, um uso de no máximo duas horas diárias, o que eu acho que dá para ser reduzido, especialmente porque crianças que não são viciadas em telas gostam mais de brincar, fazer bagunça, gritar, cantar e dançar do que ficar olhando para um celular.

Eu sei que não é fácil, eu mesma sou mãe de duas crianças e falo isso porque não só vivi isso na pele como submeti meu filho às telas sem que ele tivesse escolha. Contei mais acima sobre o Leo e como as telas atrapalharam o desenvolvimento dele. Consegui reverter isso dentro do possível tirando as telas e permitindo que ele seja a criança que ele quiser ser. Quando você dá telas aos seus filhos, a sensação na hora é de alívio, porque eles param de chorar e ficam quietos, mas o trabalho que você está poupando agora vai ser cobrado depois. Lembra do nosso lema? Tudo que é fácil hoje tornará a vida mais difícil depois.

O que você precisa entender é que está tomando a decisão pelo seu filho, e depois vai querer limitar o uso, mesmo sendo a primeira pessoa que permitiu que ele se viciasse. Não destrua o potencial do seu filho esterilizando-o através das telas para o seu próprio conforto. Por mais que pareça mais fácil educar com a internet no jogo, na verdade a criança se torna mais agitada, inquieta, irritada e ansiosa, então ela não vai ter paciência mesmo, nem empatia, e também não vai saber lidar com o tédio. Criar filhos é e sempre será desafiador. Tudo que faça a maternidade ou paternidade parecer fácil provavelmente é um atalho que causará danos no futuro.

Agora para quem tem filhos adolescentes: crie um contexto de vida, desde cedo, que dificulte muito para eles se viciarem no digital. Esportes em grupo, refeições em família, atividades ao ar livre, programação de lazer... são muitas as opções, então não dê um smartphone para o seu filho enquanto ele é novo, mesmo que todos na escola tenham e ele ainda não. Se ele quiser utilizar, que tenha que pegar o de outra pessoa. Espere um pouco, permita que ele construa sua autoconfiança e desenvolva melhor a habilidade de lidar com críticas, de se sentir excluído, de saber limitar o próprio uso; permita que ele desenvolva uma base de inteligência emocional.

Não ponha um computador dentro do quarto do seu filho. Se ele tiver um computador pessoal e um smartphone, além de não praticar esportes ou outras atividades no off-line, como você espera que ele queira fazer qualquer outra coisa? Crie uma rotina na qual seus filhos tenham que praticar exercício e ter hobbies com o grupo de amigos.

É fundamental envolver as crianças em atividades físicas o mais cedo possível. Quando você insere seu filho em ambientes esportivos, a mágica acontece. Os jovens que têm uma inclinação para os esportes têm menos probabilidade de enfrentar problemas relacionados ao uso de drogas, álcool, cigarro ou qualquer outro vício. Quando o grupo valoriza a prática esportiva e a saúde, seu filho também passa a valorizá-las mais. Além dos benefícios físicos, como o desenvolvimento corporal e o senso de pertencimento, o esporte traz disciplina, ensinando o que é vencer, a lidar com o sentimento da derrota. Não o prive de ter uma vida saudável, cheia de movimento, vitórias e derrotas.

Supervisione sempre

Outro aspecto importante é a supervisão e a segurança. Não permita que seu filho fique sem supervisão enquanto mexe no celular ou no mundo digital. Quando menciono supervisão, não se trata apenas de pegar o celular dele no final do dia e ler as mensagens que ele mandou para os amigos. A supervisão e a segurança podem ser abordadas de várias maneiras. Existem aplicativos que permitem monitorar o que as crianças fazem no celular, mas a segurança não deve ser brigar pelo que seu filho fez de errado, e sim orientá-lo para que ele esteja ciente dos riscos quando eles surgirem.

É meio hipócrita brigar com uma criança por algo errado que ela fez, quando você mesmo não o instruiu sobre o que é certo e sobre os riscos envolvidos. A segurança começa ao ensinar seus filhos a estarem preparados para os perigos do mundo digital e da vida em geral. Assim como orienta seu filho a não mexer no celular enquanto está na rua, porque isso pode ser perigoso, ou a não beber em uma balada, porque isso o torna vulnerável, você precisa informá-lo sobre os perigos que pode enfrentar e ensiná-lo a

150 | *O jovem digital*

lidar com eles quando surgirem. Explique que atitudes ele pode tomar para evitá-los ou como agir caso se depare com esses perigos.

Quando digo isso, não espero que você seja um pai autoritário que grita com o filho, mas que abra um diálogo livre de julgamentos, permitindo que você ouça seu filho e que ele queira te ouvir. Ao dar espaço para perguntas sobre como ele se sente, o que deseja, como você pode ajudá-lo e quais são seus medos, sem julgar ou dizer que suas preocupações são bobagens, você fortalece a confiança mútua. É essencial que vocês conversem.

Outro ponto é explorar as redes sociais que eles utilizam para entender o mundo em que vivem. Como você espera ter um diálogo livre de julgamentos com seu filho, sem pré-conceitos ou estereótipos que já estão impregnados na sua mente, se você não compreende o mundo dele?

Ler um livro como este com certeza vai abrir sua mente para um monte de coisas que você nem imaginava, mas também é importante entender o universo do qual seu filho fala, o contexto da vida dele, o motivo de ele se comportar e pensar dessa forma. Dê uma navegada nas redes sociais que ele usa para entender o que acontece ali.

"Ah, mas eu não curto, me sinto velho para isso." E daí? Você é o pai, a mãe. Como você espera ajudar seu filho se não entender nada do contexto que ele vive? Aí fica impossível orientá-lo a fazer as coisas certas. Se ele é viciado em TikTok, entre no TikTok, dê uma olhada, entenda como funciona essa rede social. Tem pais que só proíbem, em vez de ensinar ao filho uma maneira equilibrada de aproveitar o mundo digital enquanto leva uma vida offline da qual ele se orgulha e considera a principal, sem encarar o digital como a coisa mais importante. Não adianta ter uma vontade enorme de proteger seu filho se não estiver disposto a entender o mundo em que ele vive.

Entenda e respeite seu filho

Falando em ouvir e construir diálogos sem julgamentos, é preciso entender que seu filho é uma vítima desse sistema e desse contexto que eu expliquei. Ele não é desligado porque quer, ele é assim por causa desse contexto, que tem um toque de negligência e permissividade. Ele acaba sendo mais vítima do que culpado.

Como ajudar? (Para os pais de crianças e jovens digitais) | *151*

Não tem como exigir uma postura de adulto quando seu filho ainda está se formando como indivíduo, quando tudo o que quer é pertencer a um grupo, ser aceito e amado como é, especialmente quando não encontra isso em casa. Se não pode ser ele mesmo em casa porque sempre é criticado ou diminuído, como você espera que ele se comporte de outra maneira?

Acho que nós, pais, precisamos primeiro refletir sobre nossas atitudes antes de apontar o dedo para nossos filhos. Você quer que seu filho seja mais empático, que entenda que o que você fala é para o bem dele, mas será que você está sendo empático ao tentar entender por que age daquela maneira?

A maioria dos adultos nem pergunta o que as crianças e os jovens pensam, no que eles acreditam, como podem ser ajudados. Eles não constroem laços fortes na rotina diária. Chegam em casa cansados, cada um vai para o seu quarto, o filho assiste o que quer na TV dele, os pais, por sua vez, veem o que querem na própria TV. Como espera que seu filho o procure quando tiver medo, dúvidas ou inseguranças se você nunca abriu as portas para isso? Comece a construir esses diálogos e essa confiança dentro de casa.

Quando seu filho confiar em você o suficiente para compartilhar algo pessoal, respire fundo e tente ajudá-lo como alguém que o ama, não como alguém dominado pelo medo. Não deixe que o medo tome conta da situação e te faça agir de forma agressiva ou covarde diante das dificuldades que surgirem.

Imagine sua filha chegando até você e dizendo que está pensando em perder a virgindade com um menino específico, mas está com medo e não sabe o que fazer. Como mãe ou pai, você pode surtar com isso, agir com base no seu próprio medo e afastar sua filha, ou você pode conversar com ela, para que ela se sinta segura, confie em você e tome decisões mais responsáveis, não porque você mandou, mas porque confia no que você diz e porque esse vínculo foi construído profundamente.

Você, adulto responsável, entenda que seus filhos vão fazer o que tiverem vontade, queira você ou não. Se proíbe que namorem dentro de casa, eles vão encontrar um jeito de namorar fora de casa. A proibição não é a melhor solução, especialmente quando acontece sem instruções de segurança, diálogo, confiança e vínculo. Ela ocorre quando o pai age com medo, com amor, mas com medo. O que acontece é que o filho recebe isso de for-

152 | *O jovem digital*

ma negativa, fica com raiva dos pais, não entende o porquê de agirem dessa forma e faz o que quer só de forma escondida. O medo não é uma maneira eficaz de educar e também não é uma maneira saudável de viver.

Esteja presente de verdade

Outro ponto importante é estar presente. Pense se você também não está viciado no mundo digital. Reflita se não está dedicando todo o seu tempo ao trabalho ou às coisas que você quer ver e fazer, e não está presente nem criando memórias e vínculos com seu filho. Porque, para construir confiança, é preciso estar presente.

O que mais vemos hoje em dia são pais que buscam mais tempo para estar com seus filhos, sendo que, na verdade, passam horas mexendo no celular enquanto estão ao lado deles. Se está do lado do seu filho, pequeno ou adolescente, mas está vidrado no celular, dando uma olhadinha de vez em quando, saiba que, para ele, você não está realmente ali.

O que mais importa para as crianças não é a quantidade de horas que você passa com elas, mas a qualidade do tempo que dedica a isso. Se você passa duas horas de qualidade no seu dia com seu filho ou filha, brincando, conversando, contando histórias, realmente presente e ouvindo, isso tem um impacto muito maior para construir vínculo, relacionamento e confiança do que passar oito horas ao lado dele sem nem olhar para seu rosto ou fazer uma pergunta sobre sua vida. Portanto, esteja presente de verdade.

Não se trata apenas de ter seu corpo fisicamente presente; é preciso estar presente de corpo e alma. Enxergue seu filho, em vez de apenas olhar ocasionalmente para garantir que ele não se machuque. Se pergunte qual é o tempo de qualidade que você está dedicando diariamente para construir esse relacionamento com seus filhos.

E falo isso porque é algo que dói em mim. Sou uma mãe que trabalha muito. Amo meu trabalho porque me permite ser quem eu sou. Assim como ser mãe faz parte da minha identidade, o trabalho também faz. Eu jamais conseguiria abrir mão do meu trabalho, pois é minha obra, assim como meus filhos são minhas obras, e equilibrar tudo isso não é fácil, sei bem.

Você pode estar lendo isto e pensando que estou falando como se fosse fácil. Sei que não é fácil, mas é possível quando realmente se quer, quando está disposto a fazer o que for preciso para encontrar esse equilíbrio, mesmo que nem sempre esse equilíbrio seja igual. Alguns dias você poderá passar muito tempo de qualidade com seus filhos, outros dias ou até semanas precisará dedicar mais atenção ao trabalho. Porém, esteja ciente de que, durante o tempo que tem para estar com seus filhos, você não deve mexer no celular de forma alguma. Esteja presente, totalmente presente, ou então só volte quando puder estar 100% presente.

Você e seu filho falam a mesma língua?

Vou ser bem direta agora para que todos os pais entendam: não sejam dinossauros. Não sejam aqueles pais que ficam parados no tempo, acreditando que sabem de tudo o que é importante, enquanto consideram que o que os filhos sabem é bobagem. Por mais que tudo esteja mudando em uma velocidade assustadora, uma coisa não mudou: a necessidade que seu filho tem de tê-lo em sua vida, como um exemplo, alguém que possa compreender o que ele passa, orientar e aconselhar da melhor forma, estabelecer limites e ensinar o que é certo e errado. Se ficar parado no tempo, perderá a oportunidade de ser isso para seu filho, e ele buscará outras referências mais interessantes e alinhadas com o mundo que ele vive.

Se não souber falar a língua dele ou não entender o que é legal ou não no contexto de mundo dele, será difícil ajudá-lo. Como vai protegê-lo se não sabe do que deve protegê-lo? E se não souber conversar com ele, como espera que ele te ouça? Não adianta achar que com uma única conversa honesta vai conseguir construir toda a confiança necessária para que ele te escute, entenda que é o melhor para ele e evite correr riscos. Assim como tudo na vida, a construção do relacionamento entre pais, mães, filhos e filhas é uma tarefa diária.

Seja o exemplo

Muitas vezes reclamamos do comportamento dos nossos filhos e criticamos suas ações sem perceber que nós fomos exemplos para eles. Por isso,

154 | O jovem digital

devemos nos esforçar para ser o melhor exemplo possível e compartilhar as responsabilidades que eles devem assumir. Ensinar o que é certo e errado através das nossas atitudes, e não só de conversa.

Ou você acha que seu filho que cola na escola não aprendeu a trapacear vendo você se gabar que conseguiu sonegar impostos? Até as mentirinhas bestas, de falar que está saindo de casa quando na verdade ainda está se arrumando, vão mostrando para seu filho que o errado é relativo e estragando sua moral e ética. Seja o exemplo que você quer que seu filho siga. Mostre como você assume responsabilidades e saiba que a sua postura será a referência dele.

Ensinando a ter responsabilidade

Não basta transferir a responsabilidade para o outro, é necessário ensinar a assumir essas responsabilidades. Não podemos esperar que nossos filhos se tornem independentes e responsáveis se, desde a infância, sempre fizemos tudo por eles. Até as crianças pequenas têm a capacidade de serem independentes. Por exemplo, se seu filho ainda usa fraldas, peça ajuda dele para jogá-las no lixo. Tenho certeza de que ele pode colaborar nisso.

Uma prática que eu adoto com as crianças é permitir que elas façam o máximo de coisas por conta própria. Se pedem minha ajuda, eu ajudo. Ou, se percebo que estão com dificuldades, ofereço minha ajuda e espero elas me falarem se precisam. Ao fazer tudo pelo seu filho, você o torna mais dependente e inseguro. É natural que pessoas que são emocional e fisicamente dependentes acreditem que não são capazes de assumir responsabilidades.

Ensine seus filhos a lidarem com suas emoções e sentimentos. Os meninos aprendem desde cedo a reprimir o que sentem e passam uma vida sem saber lidar com as próprias emoções. Isso é tão triste... Por isso vemos tantos adultos gritando, jogando coisas, sendo violentos e agressivos quando estão bravos — ninguém nunca os ensinou a se acalmarem e lidarem com a raiva internamente, sem torná-la um problema de todos.

Quando seu filho fizer algo errado, em vez de simplesmente gritar com ele e dizer "Não faça isso, senão vou te punir", sente-se e converse. Diga:

"Filho, você tá bravo? Precisa de ajuda para se acalmar? Quer um abraço?" Se ele não quiser, tudo bem, diga para chamar a mamãe ou o papai quando se sentir pronto. Explique que está tudo bem sentir raiva e ter vontade de bater e gritar, mas que, quando machucamos ou gritamos com os outros, fazemos com que eles fiquem tristes. A raiva é nossa, não do outro.

Então, você pode fornecer uma alternativa com um exemplo que possa ser usado diariamente. Por exemplo, você pode dizer: "Sabe o que a mamãe e o papai fazem quando estão bravos? Respiramos fundo e encontramos um lugar tranquilo para ficarmos até nos acalmarmos." E, depois de muitas vezes que você fizer isso, quando seu filho sentir raiva, em vez de bater, gritar e jogar coisas, ele vai sozinho para um cantinho para ficar quieto ali até se acalmar ou vai te chamar para ajudá-lo.

Um dia eu estava me sentindo muito frustrada, nervosa e ansiosa. Decidi sair e fiquei um tempo na frente de casa respirando e me acalmando, assim como eu ensino meus filhos a fazerem. Quando entrei de volta, encontrei meus filhos sentados à mesa e eles me olharam curiosos, perguntando onde eu estava. Expliquei que estava lá fora me acalmando porque estava brava. Disse que fiz como ensino eles a fazerem: "Quando estamos com raiva, precisamos achar nosso cantinho, respirar fundo e nos acalmar, e foi isso que a mamãe fez." Meu filho Leo perguntou se eu ainda estava brava, e eu respondi que não. Então ele disse: "Que bom, mamãe." Educar pelo exemplo é o melhor caminho.

Outra dica é não ser o único apoio para seus filhos. É importante construir uma rede de outros adultos que possam ser referências em suas vidas. Como eu disse, é natural que seus filhos não se comportem na sua frente do mesmo jeito que fazem quando estão com amigos ou outros adultos que não são os pais. Isso não significa que sua relação com eles seja ruim, é simplesmente uma dinâmica natural. Não precisa forçar a barra para tentar mudar isso, mas é importante ter uma rede de apoio de outros adultos em quem seus filhos possam confiar, o que proporcionará mais tranquilidade para você como pai ou mãe, por saber que tem mais gente de olho, te ajudando a manter seu filho seguro.

Por que não é bom?

Na era em que vivemos, em um mundo cada vez mais digital e conectado, você, pai, precisa entender que as redes sociais são apenas **uma** parte do contexto geral da vida do seu filho. Você precisa abandonar a visão de que as redes sociais são entidades isoladas, independentes das outras experiências e relações que seu filho tem. Em vez disso, você precisa entender que as redes sociais são um reflexo do ambiente em que ele vive, uma extensão da sua vida offline. As interações on-line dos jovens refletem suas amizades, interesses, valores e experiências diárias.

Quando entende que as redes sociais estão intrinsecamente ligadas a outros aspectos da vida de seus filhos, aí sim você consegue orientá-lo em relação ao uso responsável e saudável dessas plataformas. Em vez de simplesmente proibir ou restringir o acesso, que tal ajudar seu filho a entender de forma mais profunda qual é o papel das redes sociais na formação da identidade dele? Pergunte o que ele pensa sobre amizades virtuais, sobre privacidade, segurança e a importância de um comportamento ético e respeitoso. E, quando ele falar, escute, preste atenção e aprenda com o que é dito.

A partir do momento em que você ajuda seu filho a enxergar as redes sociais como parte integrante de um todo, está capacitando-o para tomar decisões melhores, ser responsável e navegar em um mundo digital complexo de maneira saudável e equilibrada.

Acolha as diferenças

Agora me tiro do lugar de mãe e volto para o lugar de jovem e filha. Você, pai ou mãe, entenda que somos, sim, diferentes com nossos amigos, e, inclusive, continuaremos sendo, assim como você agia diferente quando estava com seus pais ou entre amigos. Isso é normal, e é até mais saudável que seja assim. A diferença é que os pais de hoje têm acesso ao que nós fazemos na internet com nossos amigos e se espantam com o fato de que pensamos e agimos de formas que ainda não tinham visto.

Você também já foi filho, então por que não abrir um pouco mais a cabeça para entender que, se não estamos fazendo mal para ninguém, pensar e agir diferente do que você espera não é algo errado? Só estamos sendo jovens.

Capítulo 10:

FUTURO

O mundo digital oferece muitos desafios e oportunidades, mas a questão principal é: o que fazemos com isso? Como podemos nos preparar para o futuro? Como vamos nos manter antenados nos novos contextos de mundo, que estão mudando cada vez mais rápido? É isso que quero tentar desenvolver aqui, porque não sei se consigo escrever um livro deste por ano (e talvez você nem mesmo tenha paciência para ler um livro deste por ano).

Revisitando os últimos anos, percebi que muita coisa mudou, e, sendo bem honesta, falar assim, com essa naturalidade, é quase um eufemismo se formos pensar sobre o tanto de coisa que mudou de fato. No nosso dia a dia, no trabalho, na educação, na forma como nos relacionamos uns com os outros, no comportamento e na estrutura do mundo como um todo.

Na reflexão profunda que fiz sobre todas essas mudanças, percebi que existem atitudes que nos mantêm mais humanos, mais vivos, mais felizes e realizados, mesmo que tudo mude de novo em um futuro próximo. Note que eu falei "mais humanos", porque acredito que esquecemos quais são nossas habilidades e nossos superpoderes sendo seres humanos — o lado social, a comunicação, a habilidade de adquirir conhecimentos e aprendizados, a alteridade e a empatia, a reflexão, nossa habilidade adaptativa e o poder de criar algo que ainda não existe.

Independentemente da tecnologia que venha a surgir, a única coisa que sempre teremos a nosso favor é o fato de sermos humanos e de termos todas essas habilidades extraordinárias capazes de criar um mundo novo a partir do nosso conhecimento, criatividade e imaginação.

Como este aqui não é um livro sobre tecnologia, o foco da nossa projeção de futuro não é falar sobre negócios, empresas, empregos do futuro, e sim sobre um panorama geral de como será o jovem do futuro.

Como será o jovem de amanhã?

Para mim, o jovem do futuro não vai precisar ser alfabetizado digitalmente, porque o digital fará parte dele. Quando digo parte dele, não quero dizer apenas que toda a vida dele também estará no digital, que é o que acontece hoje, e sim parte dele fisicamente, seja através de óculos de realidade mista ou virtual ou de um microchip no cérebro. O que esses jovens vão precisar é aprenderem a ser mais humanos e não perderem o que os torna tão especiais.

Eles vão precisar aprender a pensar, porque a tecnologia vai avançar a um ponto que nem mesmo pensar vai ser tão necessário, tudo estará nas palmas das mãos deles. Eles vão olhar para o que vivemos agora e dizer: "Caramba, imagina como era quando as pessoas tinham que ter um celular para entrar no digital? Devia ser horrível". O nosso inovador será o vintage deles. O nosso iPhone será para eles o que o telégrafo é para nós.

O que me preocupa é como vamos ensinar nossos filhos a serem humanos, para que tenham a mesma vontade de ensinar os filhos deles, e consigamos manter a beleza de ser humano para além da nossa geração.

O que levar na bagagem?

Não importa o que aconteça, estando na Terra ou em Marte, para viver no futuro precisaremos de algumas coisas:

1. Saber nos comunicar de maneira eficiente e não agressiva, saber comunicar aquilo que queremos, sentimos, pensamos, precisamos sem ofen-

160 | *O jovem digital*

der ou insultar o outro. Também vamos precisar estimular o pensamento crítico, e não deixar morrer a vontade de aprender, questionar e não aceitar o que falam como verdade absoluta. O amor pela sabedoria e o questionamento crítico são o motor inicial para tudo que existe no nosso mundo. Se perdermos isso, vamos perder o futuro. Fazer perguntas, não se conformar, lutar por mudanças, ouvir o próximo, idealizar mundos diferentes e melhores na nossa cabeça.

2. Aprender a estar presentes na própria vida. Se no contexto em que estamos, quando temos a opção de desligar as telas e simplesmente deixar os dispositivos longe, já estamos viciados a ponto de não termos atenção no momento presente e de vivermos nossa vida em segundo plano, então é necessário virar essa chave agora para reverter a situação no futuro. O presente tem que ser mais importante do que tudo. Estar aqui e agora é estar vivo, e, se não percebermos a importância disso, nossa vida será cada vez mais vazia e superficial.

3. Lutar, cada vez mais, por tempo de qualidade. Tempo para criar em vez de só consumir, para ler livros, dar risada com pessoas de quem gostamos, ter momentos de lazer, de contemplação, de pensar. Em um mundo que gira cada vez mais rápido, uma hora ou outra vamos perceber que o tempo é o bem mais valioso que temos.

4. Explorar e estar conscientes dos nossos sentidos. Hoje, engolimos a comida assistindo ao celular, nem sentimos o cheiro ou o gosto. Andamos na rua prestando atenção no que passa nos nossos fones e não olhamos em volta, não sentimos o vento, não olhamos as flores. Nossos sentidos precisam ser estimulados!

5. Dedicar tempo à reflexão profunda e ao desenvolvimento da espiritualidade. O que sua intuição te diz? Nada? É porque você não consegue escutar, sua mente está barulhenta demais, seus sentidos estão enfraquecidos. Para ouvir a voz interna que nos orienta pelo caminho certo, precisamos dedicar tempo ao pensamento e à espiritualidade. Entrar em padrões de pensamento mais elevados, gratidão, alegria, amor, e

não em padrões baixos que nos tornam mais pesados e menos conectados com o que acreditamos ser o divino.

6. Ter valores inegociáveis que não estaremos dispostos a digitalizar. Talvez você não esteja disposto a digitalizar a sua leitura; nesse caso, vá
com os livros físicos até o fim dos tempos, e isso é nobre da sua parte.
Não estar disposto a digitalizar partes da sua vida é resistir pelo que
você acredita que é melhor.

7. Estar dispostos a desaprender e reaprender coisas, usando nossa habilidade adaptativa para entendermos melhor o mundo e as outras pessoas.
A cada mudança, uma nova adaptação. Se as coisas mudam cada vez
mais rápido, então precisamos aprender a nos adaptar mais rapidamente
também. Nada é definitivo, e é justamente a mudança que nos leva à
evolução.

8. Fortalecer a nossa moral e ética. Serão tempos cada vez mais difíceis
para mantermos nossa integridade. O caminho fácil estará cada vez
mais atraente, e agir de forma ética e moral vai parecer burrice quando,
na verdade, é a maior força e inteligência de todas.

9. Viver a vida com propósito. Quando eu falo em propósito, não é algo
que você consegue comprar em uma loja. O propósito é conquistado
com muito esforço dentro de si mesmo. O melhor livro que eu já li sobre
propósito foi *Em busca de sentido*, de Viktor E. Frankl. Leia.

10. Olhar mais para quem queremos ser do que para o que queremos ter. O
consumo é ilusão, parece bom, mas é o que acaba com a gente. O bem
material nunca será mais importante do que aquilo que define quem
você é. Não se esqueça disso.

Vamos juntos

Tem um vídeo no YouTube que eu amo, chamado "We All Want to be Young", do Box1824, e quero usar o que é dito nele para guiar o pensamento
final do livro.

162 | *O jovem digital*

Tudo começou com os Baby Boomers, geração nascida depois da Segunda Guerra Mundial, nos anos 1940 e 1950. Inseguros e impacientes, eles causaram grandes mudanças. Foi a primeira geração a conquistar o direito de ser jovem, inventando o que chamamos de lifestyle jovem. Conquistaram a liberdade de ir e vir, dominaram os centros acadêmicos, os grandes festivais e as ruas. Por causa disso, foram apelidados de "Juventude Libertária". De fora pareciam meio malucos, mas o papo de paz, amor, sexo livre e *flower power* continua influenciando o comportamento até hoje.

Em seguida veio a geração X, nascidos nos anos 1960 e 1970. Eles aproveitaram os direitos conquistados pelos Baby Boomers, vivendo uma busca sem culpa por prazer. Inconformados e entusiasmados, provocaram a novas grandes mudanças. Dentro de suas casas, eram os donos dos seus quartos e tomaram conta de suas individualidades. A geração X é apaixonada por estereótipos, influenciada pelo avanço do marketing e da publicidade. Tanto no universo corporativo quanto no entretenimento, a geração X é lembrada como a "juventude competitiva".

Os jovens da geração Y, ou millennials, mudaram as regras de novo. Não só têm as chaves de suas casas e quartos como dominaram o mundo. Determinadas pela internet, suas identidades transcendem o lugar onde estão. Mas isso não aconteceu por coincidência. O consumo globalizado promove conexões estéticas e comportamentais com outros jovens ao redor do mundo. A internet permitiu que conteúdo pessoal ganhasse dimensões estratosféricas, e tudo isso tem consequências. O excesso de informação e possibilidades fez com que essa geração fosse a primeira a ter ansiedade crônica.

Não é fácil entender o que os millennials estão falando, mas isso porque eles desenvolveram um modo não linear de pensar que reflete exatamente a linguagem da internet, onde uma infinidade de assuntos pode ser acompanhada ao mesmo tempo. É normal para eles começar com uma coisa e acabar com outra, e eles tornaram legal ser e saber várias coisas ao mesmo tempo.

É bem diferente dos anos 1980, quando os jovens tinham uma opinião bem radical sobre o poder dos grupos. Você era uma coisa ou outra. Nos anos 1990, o poder dos grupos já não era uma coisa tão legal de se estar vinculado. Alguns começaram a se chamar de "normais", podendo transitar de grupo em grupo. Hoje, ser normal se tornou chato, e, em vez de neutralizar suas diferenças, se tornou legal expressá-las. Você pode ser nerd, roqueiro, designer, cantor, fotógrafo, matemático, tudo ao mesmo tempo.

Essa foi até então a geração jovem mais plural da história. Foi essa pluralidade que garantiu que os jovens se reconhecessem simultaneamente, mesmo com suas diferenças pessoais. Sua nova e estendida rede social resultou em um maior número de relacionamentos pessoais efêmeros. Isso também foi visto no trabalho, no qual planos de carreira tradicionais e sistemas hierárquicos perderam força. Cada vez mais, queriam unir o trabalho com prazer.

Seus grandes ídolos não são figuras idealizadas, mas sim pessoas comuns que realizam pequenos sonhos possíveis. Eles representam um novo tópico, são os rostos da nova economia, governada pelo código aberto e pela colaboração em massa, e por iniciativas independentes que, com o poder da internet, podem ter um impacto imensurável. Essa consciência coletiva é o espírito do tempo do futuro, levando a um cenário de oportunidades.

Eles param nos millennials, a geração que veio antes de nós.

E agora? Quem é o jovem digital? Acredito que, depois disso tudo, você saiba, pelo menos em partes, a resposta. O jovem digital é fruto dessa geração que foi a primeira a ser transformada pela internet. É disruptivo, inconformado, acelerado, sonhador, inseguro, genial, corajoso, desesperado por atenção, comunicativo, inovador, fragilizado, impaciente, brilhante e, principalmente, apaixonado por mudanças. Nos alimentamos das transformações e as usamos como meios para criar e expressar a nossa individualidade com orgulho e coragem.

Nós somos o novo, e tudo que é novo sempre intimida. Mas, como tudo na vida, você pode fazer uma escolha: ou vai pegar uma cadeira, sentar e observar, reclamando e criticando a transformação que já está acontecendo, ou vai escolher entendê-la e fazer parte dela.

E aí, qual é a sua escolha?

NOTAS

1. "The State Of The World's Children: Children in a Digital World". *Unicef*, 2017. Disponível em: https://www.unicef.org/uzbekistan/media/711/file/SOWC:%20Children%20in%20a%20Digital%20World.pdf.

2. "Life Behind The Screens Of Parents, Tweens, And Teens: McAfee's Connected Family Study". *McAfee*, 2022. Disponível em: https://www.mcafee.com/blogs/family-safety/behind-the-screens-of-parents-tweens-and-teens/.

3. KURZWEIL, Ray. The Law Of Accelerating Returns. *the Kurzweil Library*, 2001. Disponível em: https://www.thekurzweillibrary.com/the-law-of-accelerating-returns.

4. CASTELLON, Luís Augusto Soares; CAVALCANTI, Jonathan Bento; SOUZA, Renato Américo Dantas Camilo de; DANTAS, Fábio Galvão. "Investigação das alterações na percepção temporal pela presença de altos níveis de dependência de *smartphone*". *Research, Society and Development*, v. 10, n. 12 (2021). Disponível em: https://rsdjournal.org/index.php/rsd/article/view/20870/18440.

5. "The 'online brain': how the Internet may be changing our cognition". *National Library of Medicine*, 2021. Disponível em: https://www.ncbi.nlm.nih.gov/pmc/articles/PMC6502424/.

6. BOERS, Elroy *et al.* "Temporal associations of screen time and anxiety symptons among adolescentes". *The Canadian Journal of Psychiatry*, v. 65, issue 3, (2019). Disponível em: https://journals.sagepub.com/doi/full/10.1177/0706743719885486.

7. "Association Between Digital Media Use and Developmental Outcomes in Children". *JAMA Pediatrics*, 2019.

8. "Sedentary Behaviors in Today's Youth: Approaches to the Prevention and Management of Childhood Obesity". *American Heart Associa-*

tion, 2018. Disponível em: https://www.ahajournals.org/doi/pdf/10.1161/CIR.0000000000000591.

9. NAGATA, J.M.; LEE, C.M.; LIN, F. *et al.* "Screen Time from Adolescence to Adulthood and Cardiometabolic Disease: a Prospective Cohort Study". *J GEN INTERN MED* 38, 1821–1827 (2023). Disponível em: https://link.springer.com/article/10.1007/s11606-022-07984-6.

10. "Association between digital smart device use and myopia: a systematic review and meta-analysis". *The Lancet Digital Health*, 2019.

11. "Digital Eye Strain - A Comprehensive Review". *Ophthalmology and Theraphy*, 2022. Disponível em: https://link.springer.com/article/10.1007/s40123-022-00540-9.

12. "The effect of smartphone usage time on posture and respiratory function". *National Library of Medicine*, 2016. Disponível em: https://www.ncbi.nlm.nih.gov/pmc/articles/PMC4756000/.

13. "Text neck and neck pain in 18-21-year-old young adults". *National Library of Medicine*, 2018. Disponível em: https://pubmed.ncbi.nlm.nih.gov/29306972/.

14. QUADARA, Antonia; EL-MURR, Alissar; LATHAM, Joe. "The effects of pornography on children and young people". *Australian Institute of Families Studies*, 2017. Disponível em: https://aifs.gov.au/sites/default/files/publication--documents/rr_the_effects_of_pornography_on_children_and_young_people_1_0.pdf.

15. DANTAS, Ruy. "85% das profissões que existirão em 2030 ainda não foram criadas". *Folha de S. Paulo*, 2023. Disponível em: https://f5online.com.br/85-das-profissoes-que-existirao-em-2030-ainda-nao-foram-criadas/#:~:text=Um%20estudo%20do%20respeitado%20Institute,2030%20ainda%20N%-C3%83O%20foram%20criadas.

16. SAVELLI, Heid. "Fashion's tiny hidden secret". *UN Environment Programme*, 2019. Disponível em: https://www.unep.org/news-and-stories/story/fashions--tiny-hidden-secret.

17. "Mercado de games: tendência de crescimento e oportunidades". *XPE*, 2022. Disponível em: https://blog.xpeducacao.com.br/mercado=-de-games/#:~:text-De%20acordo%20com%20os%20dados,8%20bilh%C3%B5es%20apenas%20em%202022.

18. "South Korean dies after games session". *BBC News*, 2005. Disponível em: http://news.bbc.co.uk/2/hi/technology/4137782.stm.

166 | O jovem digital

19. TRAN, Mark. "Girl starved to death while parents raised virtual child in online game". *The Guardian*, 2010. Disponível em: https://www.theguardian.com/world/2010/mar/05/korean-girl-starved-online-game.

20. "Daniel Petric killed mother, shot father because they took Halo 3 video game, prosecutors say". *cleveland.com*, 2008. Disponível em: https://www.cleveland.com/metro/2008/12/boy_killed_mom_and_shot_dad_ov.html.

21. "New who guidance: Very limited daily screen time recommended for children under 5". *American Optometric Association*, 2019. Disponível em: https://www.aoa.org/news/clinical-eye-care/public-health/screen-time-for-children-under-5?sso=y#:~:text=Here%20are%20WHO's%20screen%20time,olds%2C%20with%20less%20time%20preferred.

22. "Effective interventions for gaming disorder: A systematic review of randomized control trials". *National Library of Medicine*, 2023. Disponível em: https://www.ncbi.nlm.nih.gov/pmc/articles/PMC9940764/.

23. "Engenheiros do Vale do Silício confirmam: redes sociais são planejadas para viciar usuários". *Época Negócios,* 2018. Disponível em: https://epocanegocios.globo.com/Tecnologia/noticia/2018/07/engenheiros-do-vale-do-silicio-confirmam-redes-sociais-sao-planejadas-para-viciar-usuarios.html.

24. NORTON, Quinn. "2011: The Year Anonymous Took On Cops, Dictators and Existential Dread". *Wired*, 2012. Disponível em: https://www.wired.com/2012/01/anonymous-dicators-existential-dread/.

Este livro foi composto na tipografia Minion Pro,
em corpo 11/15, e impresso em
papel off-white no Sistema Cameron da
Divisão Gráfica da Distribuidora Record.